Introductory Lectures on Philosophy of Emotion

感情の哲学入門講義

源河 亨

慶應義塾大学出版会

はじめに

本書は、**感情や哲学に興味をもった人が最初に読む本**を目指して書かれたものです。なので、この本を読むために、感情についても、哲学についても、**予備知識は一切必要ありません**。

タイトルに「感情の哲学」と入っていますが、哲学だけでなく、心理学や脳神経科学、文化人類学、進化生物学など、さまざまな分野での感情研究も紹介します。つまり、**できるだけ多くの観点から感情について考えてみたいと思います**。そのため本書は、感情に興味をもつすべての人に向けて書かれています。

ただし、本書はあくまでも「入門」なので、「これが唯一の答えだ！」というものが書かれているわけではありません。また、私独自の主張もさほどありません。この本の目的は、現代の感情研究の様子を一通り眺めることです。この学説とこの学説が対立していて、どちらが正しいかまだ決着がついていない、といった様子も含めて、研究の動向を紹介したいと思います。

さらに本書は、**感情をテーマにした「哲学入門」の本でもあります**。哲学というと実生活とは関わりの薄そうな抽象的で難しい話をしているという印象があるかもしれません。これに対し、感情は誰もがもっている非常に身近なものです。本書はその二つの組み合わせなので、感情というとても馴染みある題材を入り口に、いかにも難しそうな哲学に近づくことができると思います。

また本書は、**私がこれまでいろいろな大学で行なってきた一般教養科目の「講義」をまとめたものとなっています。**一般教養科目の講義は、すべての学部の学生に向けられています。私の講義には、文学部だけでなく、法学部、商学部、経済学部、理工学部、医学部、芸術学部など、いろいろな学部の学生が受講していました。さらに、大部分の学生は、感情研究も哲学も予備知識はなく、授業計画を読んでなんとなく面白そうと思って受講を決めていたようです。そうした人に向けたものなので、本書は、**「これ一冊で感情も哲学もだいたいつかめる」**という内容になっています。

授業計画に相当するものは、この本だと目次になります。そこを見てもらえばわかる通り、本書には十五回分の講義があり、それぞれ比較的独立したテーマが扱われています。十五回の授業は大学の半年分の授業に相当します。なので、**本書を読めば、「大学の講義ってこういう感じなんだ」という雰囲気がつかめるでしょう。**また、感情や哲学で授業をすることになった教員の方の授業計画の参考にもなると思います。

ひょっとすると、感情研究に詳しい人は、本書に書いてある内容では物足りないと思うかもしれません。この学説はイマイチなんじゃないか、それより有力なあの学説が紹介されていないのはなぜなんだ、と思う可能性もあります。確かに、本書ではカバーできていない話もたくさんあります。

とはいえ、本書は入門書であり、目的は感情の哲学の基本を伝えることです。そのため専門的な話題に踏み込めていませんが、そこに踏み込むための足場は書いてあると思います。本書の最後の方には、より専門的な話を知りたい人に向けた文献案内を載せてありますので、本書が物足りないと思ったら、ぜひ、そちらの本にもあたってみてください。

それでは、感情の哲学に、感情から哲学に、入門してみましょう。

感情の哲学入門講義　目次

第10講　感情と理性は対立するか　147

第11講　道徳哲学と感情の科学　163

第12講　恐怖を求める矛盾した感情　178

第1講 ガイダンス

みなさん、こんにちは。本書のテーマは感情の哲学です。感情とは一体どういうものなのか、その答えに哲学の観点から迫ってみたいと思います。

哲学というと何やら難しい言葉が出てきたりしそうで、堅苦しい印象があるかもしれません。ですが、この本はなるべく、くだけた感じで書いています。話し言葉なので、講義や授業を聞いている感じで読んでもらえると思います。

また、毎回冒頭で、その回にどういった話題を取り上げるかを書いておきます。冒頭を読めば「今回はこんな話が出てくるんだな」と、ある程度の見通しがつくでしょう。

今回は一回目ということで、本書全体の趣旨説明をしたいと思います。まず、感情は日常のなかでとても重要な位置にあるという点から確認しましょう（第1節）。次に、「哲学」は一体どういうことをする分野なのかを説明します（第2節）。その後、「感情」という言葉使いに関する注意を書きます（第3節）。最後に、これから先の講義でどういった話題を取り上げるかを簡単に説明します（第4節）。

1　日常のなかの感情

感情の重要性

まず、「そもそもなんで感情について考える必要があるんだろう？」という疑問から始めたいと思います。感情について考えることに、どのような意義があるのでしょうか。感情はどういう点で興味深いのでしょうか。

その一つとして、**感情は私たちの生活の中心にある**という点が指摘できるでしょう。

まず、**私たちはいつも何かしらの感情をもっている**ように思えます。好きな音楽を聴いて楽しい、満員電車で足を踏まれてイライラした、たまたま入った店のランチが美味しくて嬉しい、寝坊して焦った、仕事を褒められて誇らしくなった、先輩の話がつまらなくて退屈した、などなど。その場からすぐ逃げ出したくなる恥ずかしさから、表情には表れないちょっとした気まずさまで、状況に応じて強さや明確さは異なりますが、寝ているとき以外（ひょっとしたら夢のなかでも？）、私たちは何かしら感情を抱いているでしょう。

また、どういう行動をとるかを決めるうえでは、その行動の結果として、**どういう感情が生まれるかの予測がとても重要になります**。夕飯に何を食べるかを考えるときには、なるべく美味しいものを食べて嬉しくなりたいし、不味いものを食べてがっかりしたくはないでしょう。その点を考慮して何を食べるか決めるのではないでしょうか。勉強や仕事で一時的に嫌な気持ちになるとしても、成績が上がったり給料が出たりしたときの嬉しさ（もしくは、投げ出してしまう後ろめたさ）の方が上回っていると思えるからこそ、その嫌なことができるはずです。

そして、他人とうまく付き合い、良い社会生活を送るためには、**自分や他人の感情を気にかける必要があります**。イライラにまかせて家族に強く当たってしまったり、浮かれて大事な約束をすっぽかしたりしていると、他人から信用されなくなってしまいます。また、上司の機嫌が悪そうだから話しかけるのをやめたり、友達が悲しんでいるのを知って慰めたりするように、私たちは他人の感情を推測してその人と接しているでしょう。

さらに、**感情は「人間らしさ」にとって最も重要だと考える人もいます**。コンピュータやロボットと人間の何が違うかという質問をしてみると、「人間には心がある」と答える人が結構います。「心がある」というのが何なのかをさらに詳しく尋ねてみると、それは感情をもつことだと言われることが多々あります。コンピュータなどは論理的な計算しかできませんが、人間はさらに感情や気持ちに基づいた行動ができるというわけです。

さまざまな感情研究

このように、感情は人間の生活の中心にあります。そうすると、**感情がどういうものであるかを解明する試みは、人間とはどのような存在であるかを解明するうえで非常に重要**だと考えられるでしょう。感情が何なのか理解できなければ、人間とは何なのかも理解できそうにありません。だからこそ、感情は、人間を対象とするすべての分野で研究されています。

そのため本書は、哲学だけでなく、さまざまな分野の感情研究も参照しつつ、感情について考えてみたいと思います。たとえば、心理学や脳神経科学、文化人類学や生物学といった科学の研究成果も登場します。多方面から感情について考えてみようというわけです。

ここで、「哲学と科学って全然別のものじゃないの?」という疑問が浮かぶかもしれません。また、哲学の本を読むのはこれが初めてだという人は、「そもそも哲学ってどんなことをやるんだろう?」という点が気になるでしょう。

そうした疑問に答えるため、次に、哲学はどういうものかを説明したいと思います。そのなかで、感情を研究する哲学と科学の関係についても説明しましょう。

2 哲学は何をするのか

よく耳にする「哲学」

哲学というと、「経営哲学」とか「人生哲学」といった言葉をよく聞くのではないでしょうか。そういうタイトルの本も結構あります。そうした本では、どっかの社長とかお金持ちの「この方針で私は成功した」という成功体験が書かれているでしょう。また、その成功者が編み出したビジネス戦略、モットー、法則などが解説されています。

もしくは、哲学者の名言なんて本もよくあります。たとえば、パスカルの「人間は考える葦である」などが有名でしょう。そういう言葉を聞いて、よくわからないけど深い真実を捉えているのではないか、人生にとって重要な教訓が込められているのではないか、といったことを思ったりするかもしれません。

以上のような「哲学」では、名言や金言、確固たる信条、譲れない信念といったものが登場します。そして、その言葉が疑われたり、反論されたりすることはあまりありません。

ですが、この本では、誰かの考えに対して疑問や反論をぶつける場面がよくあります。とはいえ、嫌がらせとか、何がなんでも反対したい、というわけではありません。**なぜ疑問や反論をぶつけるかというと、正しい答えを求めているからです。**

議論を作る

疑問や反論をぶつけるのは、主張の正しさを判定する、よりよい主張へと改善させるためです。

誰かが自分の考えを主張したとき、「こういうケースはどうするの？」「これって反例にならない？」といった意見をぶつけてみて、それに答えられたら、元の主張は正しそうだ、説得的だ、と判定できるでしょう。また、そのままでは答えられなくとも、いくらか修正すれば答えられるようになることもあります。そのときには、元の主張が改善されて、より正しい方に向かうことができたと考えられるでしょう。

言ってしまえば、**哲学とは、このようにして「考えや主張を吟味」する作業です。**何かを主張して、疑問や反論を向けられ、それに対し応答する、それが哲学という営みです。言い換えると、哲学とは、議論を作ることとです。

哲学にとって重要なのは議論を作ることなので、実はテーマは何でも構いません。この本は感情を取り上げますが、**やろうと思えば何でも哲学の題材となります**。ともかく、考えや主張に説得力があるのか、正しいと言えるのか、という吟味が大切です。

ときどき、「哲学には答えがない」「哲学ではどんな意見でも認められる」みたいなことが言われたりしますが、**そんなことはありません**。先ほど述べたように、議論を作る目的は、より正しそうな、説得的な考えに行き着くためです。

哲学に答えがないと思われるのは、おそらく、**「哲学的」と言われる問いが漠然としているからでしょう**。「人間とは何か?」「人生の意味は何か?」「何が正義なのか?」こうした問題は漠然としていて、答えようがないと思われるでしょう。

ですが、漠然とした問題に答えられないのは、何でもそうです。たとえば、体調が悪いので病院に行って「病気っぽいんですが、どうすれば治りますか?」とだけ尋ねたとします。この問いにそのまま答えてくれる医者はいないでしょう。病気といってもさまざまなものがあり、関節炎と中耳炎と胃潰瘍では、治療法がまったく異なっています。「病気はどうしたら治りますか?」という問いは、漠然としていて、答えようがないのです。

なので、医者は「症状をもっと詳しく教えてください」と尋ねたり、いろいろな検査をしたりするでしょう。それによって、病気が具体的に特定できます。そうすると、それに応じた治療法を行なうことができるようになります。

哲学も同じです。いかにも「哲学的」な問いは、漠然としているので、どうやって取り組めばいいのか、何と答えていいかわかりません。ですが、**問題をより細かいものに切り分けていけば、それに応じた答えが見つかるはずです。**たとえば、「人間とは何か?」という問いは、生物としての人間の話をしているのか、それとも、文化的・社会的な生活を行なっている人間の話をしているのかで、問題に取り組む方針や考慮すべき事柄、答えが大きく変わってくるでしょう。

そうした考察を重ねても、確かに、「これが唯一の答えだ!」というものにはなかなか到達できません。ですが、みんなそれを目指して議論しています。その結果、正しそうな考え、説得的な主張はいくつかに絞られていきます。また、答えが一つに絞られず、いくつかの学説が対立しているという状況は、哲学に限らずどの分野にもあるでしょう。ともかく重要なのは、**「答えが一つに定まらない」のと「どんな意見も認められる」というのはまったく別**だということです。説得的ないくつかの考えのなかでどれが最も良いかを判定するのは難しいですが、説得力のない考えはすぐわかります。

哲学と哲学史

また、哲学の本というと、過去の有名な哲学者の考えが解説されるものだというイメージがあるかもしれません。「デカルトは(カントは/ニーチェは……)感情についてどんなことを言ったんだろう」ということを知りたくて、本書を手に取った人もいるかもしれません。

そうした方には残念なお知らせなのですが、**本書は、特定の哲学者の考えを解説するものではあり**

ません。そうした解説は、どちらかと言えば、哲学についての歴史研究、「哲学史」になるでしょう。

もちろん、感情の哲学をテーマにするなら、感情についての哲学史を踏まえた方が、より良い本になるのは確かです。ですが、そうすると本の厚さがとんでもないことになってしまいます。というのも、ある哲学者が何を言っているかを理解するためには、その人が書いた本だけでなく、その人に影響を与えた本を調べたり、その本が書かれた時代にどんなことが常識となっていたかを調べたりする必要があるからです。つまり、歴史学の研究手法が必要となり、哲学＋歴史学の本になるのです。

ですが、入門書を目指した本書では、そこまで細かく大変な作業は行なえません。そのため本書は、過去の有名な哲学者の考えを解説するのではなく、先ほど述べた「議論を作る」哲学の観点から、感情について考察します。「有名な人の感情論」を解説しなくても、**感情は私たちが普段から抱いているる非常に身近なものなので、感情について考えるための材料はみなさんすでにもっています。**

とは言いつつも、有名な哲学者の意見が出てくることはあります。ですが、それはあくまでも、議論を作るためのきっかけとして紹介するに留めます。なので、紹介しておいて、こんな考えはうまくいかないよね、という話になる（叩き台にする）ことも多々あるでしょう。

むしろこの本では、過去の哲学者の意見よりも、**心理学や脳神経科学といった、現代の心に関する科学の研究が参照されることが多い**でしょう。次にこの点を説明します。

哲学と科学

ひょっとすると、哲学と科学はまったく別の領域だと思っている人もいるかもしれません。科学の方もどういう発見があっても、哲学はそれとは無関係に好き勝手意見を言える、という印象をもっている人もたまにいます。さらに、哲学は科学では扱えないような重要で根本的な問題を扱っている、だからこそ、科学とは独立した領域なのだ、と考える人もいるかもしれません。

ですが、実際はそうではありません。哲学（フィロソフィー）は知識（ソフィア）を愛する（フィレイン）という意味で、**そもそも知識の探究はすべて哲学でした**。その証拠に、古代の有名な哲学者（たとえば、アリストテレス）は、科学者でもあります。そもそも、昔は哲学から別物としての「科学」という概念はなく、現代で「科学」と呼ばれている営みは「自然哲学」と呼ばれていました。

では、哲学と科学はどう違うのでしょうか。先ほど、いかにも哲学っぽい問題は漠然としているので、細かく切り分けなければならない、と述べていました。哲学は、漠然とした問題を議論のかたちにして細かく切り分ける作業だと言えるでしょう。そして、細かくすることで具体的になった問題に、実験を通して答えを出すのが科学だと言えると思います。

とはいえ、哲学と科学がわかりやすく区別されるようになった後でも、両者はまったく無関係であったわけではありません。たとえば、哲学者として一、二を争うくらい有名なカントの哲学理論は、ニュートン力学の世界理解を踏まえて作られています。カントは「時間や空間とは何か」という問題を探究していますが、それを考えるために、当時の物理学で存在がどのように理解されているかが参照されているのです。

もちろん、科学の定説も時代によって変わってくるので、現代の科学を踏まえていれば必ず正しいことが言えるとは限りません。ですが、だからといって科学について何も知らなくても良いというわけではありません。知らないと、根拠のない憶測を述べてしまう可能性が高くなってしまいます。それを避けるためには、**哲学の理論を作るうえでも、科学でどういうことが行なわれているか知っておく必要があります。**

心の哲学と心理学

先ほど、科学を参照した方がより良い哲学理論が作れそうだと書きました。もちろん、同じことは、感情にもあてはまります。

哲学のなかでも心について研究する分野は「心の哲学」と呼ばれます（感情の哲学はさらにその一部ということになります）。そして、心については、心理学などの科学でも研究されています。そうであるなら、**心理学の成果を利用した方が、感情についてより良い哲学理論が作れると考えられるでしょう。**この本はそうした方針で感情とは何かを考えてみたいと思います。

ここで「感情の哲学と心理学って何が違うんだろう？」という疑問を抱いた人もいるかもしれません。ごく簡単に説明しておきましょう。

実のところ「心理学」という分野が誕生したのはわりと最近です。心についての研究は昔から哲学で行なわれていましたが、一九世紀後半にドイツのヴィルヘルム・ヴントが、実験によって科学的に心を研究するために、世界で初めて大学に心理学の研究室を設立しました。なので、哲学と心理学が異なる学問分野として分かれたのは一五〇年くらい前だということになります。意外と最近なので、話題が重なる部分も結構あります。

では何が違うかというと、感情を研究する心理学者は実際に実験をいろいろやっている点です。他方で哲学者は実験をしませんが、心理学者が行なった実験結果をいろいろ集めてきて、統一的な理論を作ったり、実験をどう解釈できるか考えたりしています。**簡単に言えば、哲学は実験だけではカバーできない部分を扱っています。**心理学のなかにも実験をせず理論を構築したりすることを目的とする「理論心理学」という分野がありますが、心についての哲学研究はそれと似たようなものです。

というわけで、本書では、心理学などの成果を踏まえつつ、感情に関する伝統的な哲学の問題に取り組みます。そして、さらにそれを倫理学や美学に応用してみたいと思います。ともかく強調したいのは、**哲学と科学は同じ問題に取り組んでいて協力関係にある**ということです。

3 「感情」という言葉について

ここで、言葉について注意を書いておきましょう。

この本は基本的に「感情」という言葉を使います。もうちょっと堅苦しい本だと「情動」が使われますが、この本は入門書であり、なるべく読みやすくしたいので、日常的に馴染みのある「感情」を使うことにしました。

言葉づかいのズレ

「感情」と関連する言葉はたくさんあります。先ほど挙げた「情動」だけでなく、情緒、情感、情念、気持ち、気分、感覚、など、たくさんあります。そうすると、「感情と情緒って何が違うの？」とか、「ここでは『感情』ではなく『情動』を使った方が適切じゃないの？」「あの本では『感情』はこういう意味だったのに、この本での使い方は違うな、どっちが正しいんだろう」みたいな点が気になる可能性があります。

実を言えば、**同じ「感情」という言葉が使われていても、本が違えば、まったく違ったことが意味されている場合があります**。これは日本語の本に限られません。英語でも、emotion、feeling、mood、affect、passion、sentimentなど、感情関連の言葉がいくつもあり、本によって意味が違っていたりします。

翻訳だとさらに厄介です。emotionを「感情」と訳している本もあれば、「情動」や「情緒」と訳しているものもあります。また、emotionではなくfeelingの訳語として「感情」が使われることもありますし、affectやmoodの訳語として「感情」や「情動」が使われることもあります。

なぜこんなことが起きているのか正確な理由はわからないのですが、一つ推測できるのは、感情がいろいろな分野で研究されているためだと思われます。少し前に、感情は人間を対象とするすべての分野で扱われていると書きましたが、それぞれの分野で、定説や常識となっていたりする研究、実験、理論が違っています。そうした違いに応じて、言葉使いもズレているようなのです。

具体例に注目

以上のようなズレは混乱の元です。なので、それぞれの分野で違った言葉使いを調べ、統一できればいいのですが、それは費用対効果が悪すぎます。というのも、それで感情に関連する「言葉」についての理解は得られるでしょうが、「感情」そのものの理解はあまり進みそうにないからです。

なので、**この本を読むうえでは、「感情」という言葉よりも、具体例に注目してもらいたいです。**たとえば、次の場面は具体的でわかりやすいでしょう。ヘビを見て怖くなった、宝くじが当たって嬉しくなった、財布を落として悲しくなった、他人から悪口を言われて怒った、自分が書いたレポートを褒められて誇らしくなった、嫌いな知り合いが高く評価されていて嫉妬した、などなど。「感情」という言葉の使い方は人によって違うかもしれませんが、こうした具体的な場面は誰にとっても明らかでしょう。

この本では、こうした場面での恐怖、喜び、悲しみ、嬉しさ、といったものを「感情」と呼び、その状態が何なのかの解明を目指します。ただし、別の本では「感情」が別の使い方をされていたりすることもあるので、別の本と本書を比べる場合には、言葉のズレに注意してください。

4 各講義の概要

最後に、次回から扱う話題を簡単に説明しておきましょう。

第2講から第4講は、**感情の本質は何か**という問題を取り上げます。私たちが感情を抱くとき、いろいろなことが起きています。たとえば、ヘビと遭遇して恐怖を感じる場合には、ヘビを見る知覚、心臓がドキドキしたり冷や汗が出たりする身体反応、「危険だ」という判断、ゾクゾクする意識的な感じ、といったものがあります。こうしたもののなかで、何が感情にとって本質的なのかを考えてみましょう。

第5講と第6講は、**基本的な感情と複雑な感情の違い**を取り上げます。怒りや恐怖、喜びといった感情は、世界中のどの地域の人でも抱けそうですし、小さな子供でも感じるものでしょう。ひょっとしたら、動物も感じているかもしれません。これに対し、誇り、恥、嫉妬、といった感情は、小さな子供や動物はもてそうにありません。また、特定の地域や文化に特有の感情というものもあります。こうした違いが何に基づくのか説明したいと思います。さらに、「正の感情」や「負の感情」と言われるときの正（ポジティヴ）や負（ネガティヴ）という特徴、感情価（かんじょうか）についても説明します。

ここまで読めば、感情に関する基本的な話は一通り押さえられるでしょう。後半は、応用問題を扱いたいと思います。

第7講は、まず**無意識の感情**を取り上げます。「自分では気づいていなかったけど実は恐怖を感じていた」ということはあるのでしょうか。ここでは、無意識の感情の存在を認めたくなる理由をいくつか説明します。そこからさらに、**ロボットは感情をもてるのか**、無意識の感情ならもてそうだ、意識的な感情はどうか、という話をしたいと思います。

第8講のテーマは他人の感情の理解です。常識からすると、感情をはじめ他人の心は目に見えないと思われるでしょう。ですがここでは、知覚や「表す」という関係（表象）に関する哲学的考察を手がかりに、**他人の感情は文字通り見える**という主張を紹介したいと思います。

第9講は、まず、**感情と気分の違い**を取り上げます。怒り、恐怖、悲しみ、喜びといった感情とイライラ、不安、憂うつ、ウキウキといった気分の違いは何か、二つを分ける基準をいくつか紹介します。また、**憂うつになる理由**や、**痛みと感情の関係**についても取り上げたいと思います。

第10講は、**感情と理性の対立**です。「感情に流されないで理性的に行動しろ」とか「理性で感情をコントロールしろ」とかよく言われるように、感情は理性と比べて劣ったものだと考えられがちです。ですがここでは、二重過程理論という理論の観点から、感情と理性は片方がもう片方より劣っているというわけではなく、補い合うものであるという考えを紹介します。

第11講では、**感情と道徳**の関係を取り上げます。ここでは、トロリー問題という有名な道徳的ジレンマを取り上げ、そのジレンマでどう判断するかに感情が関わるということを説明します。また、功利主義と義務論という倫理学での対立と、先ほどの二重過程の関わりも取り上げます。

第12講は、**矛盾した感情**を取り上げます。「怖いから見たくない、でも見たい」といった矛盾はどのように成り立つのでしょうか。ここではそうした矛盾を、「負の感情のパラドックス」として定式化し、その矛盾を解消させるための方針を検討します。

第13講は、**作り話をなぜ怖がるのか**という問題を取り上げます。ホラー映画を観るとき、私たちはそれがフィクションであると理解しています。つまり、そこに登場する怪物や悲惨な事件は実在しないとわかっているのです。ですが、なぜ実在しないものを怖がるのでしょうか。ここでは、この問題を解決しようとするいくつかの方針を説明します。

第14講のテーマは、**ユーモアとは何なのか**です。ユーモラスなジョークを聞いたり、ギャグ漫画を読んだりすると愉快な感情が生まれます。では、愉快な感情を生み出すユーモアとは一体どういうものでしょうか。ここでは、ユーモアとは何かを説明する考えをいくつか紹介します。

第15講は全体のまとめです。ここでは、本書の考察を踏まえて、**感情をコントロールする**にはどうすればいいか、そのヒントを書いてみたいと思います。そして、**この本の次に何を読めばいいか**、少し読書案内を書きます。

今回はガイダンスということで、この本の方針や注意点をお伝えしました。それでは次回から、感情とは何かという問題に迫っていきましょう。

第2講 感情の本質は何か

哲学は「物事の本質を考えること」だとよく言われます。なので、まずは「感情の本質は何か」という問題に取り組むことにしましょう。

ですが、そもそも「本質ってどのようにすればわかるのか」という疑問があるでしょう。そのため今回は、感情に限らず、何かの本質を特定するために必要な作業から説明したいと思います（第1節）。その次に、感情の本質ではないかと思われる候補をいくつか取り上げます（第2節）。最後に、意外かもしれませんが、感情にとって思考が実は重要だという点を説明します（第3節）。

1 本質の見つけ方

まず、「○○の本質」は、「○○に一番大事なもの」「それがなくなると○○でなくなるもの」と言い換えることができるでしょう。なので、「感情の本質は何か」という問題は、**感情にとって一番重要なものは何か、それが失われるともはや感情でなくなってしまうものは何か、**と言い換えることができます。

とはいえ、いきなり感情の本質を考えるのは難しいです。なので、遠回りになりますが、どうすれば本質を見つけられるのか、「本質の見つけ方」から考えたいと思います。たとえば、冷蔵庫の本質を考えてみましょう。

冷蔵庫の本質

大型家電量販店にはたくさんの冷蔵庫が並んでいます。ドアが二つのものもあれば、三つのものも、六つのものもあるでしょう。色は、白だったり黒だったり銀だったり、他にもたくさんあります。高さや内容量もそれぞれです。野菜室があるものも、ないものもあります。業務用は家庭用よりも容量が大きいですし、また、食品工場にはもっとずっと大きな冷蔵庫があったりします。

このように、それぞれの冷蔵庫は、色、形、高さ、大きさ、容量など、さまざまな点が違っています。ですが、どれも冷蔵庫です。そうすると、**それぞれの冷蔵庫で違っている特徴は冷蔵庫の本質ではない**と考えられるでしょう。色は白でも黒でも銀でもいいので、冷蔵庫にとって色は本質的ではありません。白だから冷蔵庫としてふさわしい、緑だと冷蔵庫にならない、といったことはないでしょう。同じように、高さや容量もさまざまなので、それらは冷蔵庫にとって一番重要なものではありません。

このようにして重要でないものを取り除いていくと、冷蔵庫の本質がみつかります。それは、「中に入れたものを冷やす」という機能です。この機能があれば、どんな色をしていても、どれくらいの高さでも、冷蔵庫と言えるでしょう。

別の角度から考えてみましょう。たとえば、自分の家の冷蔵庫が壊れて、冷却機能が失われたとします。それでも「中にものを入れる」という機能は維持されています。そのため、それを戸棚のように使うことはできます。しかし、入れたものを冷やすことができなければ、それはもはや冷蔵庫ではありません。少なくとも「壊れた冷蔵庫」「冷蔵庫だったもの」という言い方をしなければならず、手放しで「冷蔵庫」と言うことはできません。その証拠に、家電量販店で買った冷蔵庫の冷却機能が働かなかったら、店にクレームを入れて交換してもらうでしょう。**冷却機能が失われると、もはや冷蔵庫とは呼べないのです。**

ですが、冷却機能さえあればいいかというと、そうでもありません。たとえば、クーラー、扇風機、氷、濡れたハンカチ、冷たいシャワー、コールドスプレーなども冷却機能をもっています。ですが、それらは冷蔵庫とは呼ばれないでしょう。**冷蔵庫であるためには、中にものを入れられなければなりません。**

ここでクーラーについて気になった人がいるかもしれません。クーラーは部屋の気温を下げるもので、部屋の中にはものがいろいろ入っています。そうすると、「クーラー付きの部屋は冷蔵庫になるのでは？」と思った人もいるでしょう。確かに、それも冷蔵庫と呼べると思います。実際、工場などの冷蔵庫では、気温を下げる機能が強力なクーラーが付いている部屋が「冷蔵庫」と呼ばれているでしょう。

別の疑問として「戸棚に氷を入れて中のものを冷やしたら冷蔵庫になるのか？」と考えた人もいるかもしれません。それも冷蔵庫と言えるでしょう。現在私たちが「冷蔵庫」と呼ぶものの大半は電気で冷却機能を働かせていますが、そうした電気式冷蔵庫が普及する前は、まさに、氷を入れてものを冷やす戸棚のような冷蔵庫が使われていました。なので、電気を使ってものを冷やす機能は、必ずしも冷蔵庫に不可欠なものではありません。中のものが冷やせればいいのです。

手順のまとめ

以上のように、冷蔵庫の本質は、「中にものを入れられて、入れたものを冷やせる」という機能となります。では、その本質がどのようにみつけられたか、手順を振り返ってみましょう。

冷蔵庫の本質は次のような手順でみつけられました。まず、具体的な冷蔵庫を取り上げ、それがもつ特徴を列挙します。家にある冷蔵庫は、白くて、高さが一五〇センチで、ドアが三つで、中にものが入れられて、入れたものが冷やせる、などなど。そして、それを他の冷蔵庫と比較し、重要でない特徴を除いていきます。友達の家の冷蔵庫は黒いから、色は重要ではないな。ドアは二つだから、ドアの数もそんなに重要じゃない（ドアが一つもないと物が入れられないですが）。こうした手順を繰り返すと、「中にいれたものを冷やす」が残ります。それが冷蔵庫の本質です。

つまり、**具体例をいくつか取り上げ、それぞれで違っている特徴を取り除き、残った共通の特徴が本質だというわけです。**

では、以上を踏まえて感情の本質を考えてみましょう。

2　本質の候補

五つの候補

まず、感情の具体例を挙げて、そのときにみられる特徴をいろいろ挙げてみましょう。たとえば、山道を歩いていたら茂みからヘビが出てきて、恐怖を感じる場面を考えてみましょう。そのとき、いろいろなことが起こっています。

まずは知覚です。茂みがガサガサいう音が聞こえ、そこから何かが飛び出してきます。その方向に目を向けると、ヘビの姿が見えます。

このとき、「危ない」といった内容の**思考や判断**も成立しているでしょう。必ずしも「危ない」という言葉が心に浮かぶとは限りませんが、目の前に出てきたヘビが危ない動物だと判断されているからこそ、恐怖が生まれているはずです。

さらに、心臓の鼓動が速くなったり、筋肉が緊張したり、汗が流れたり、呼吸が荒くなったり、といった**身体反応が**起こっているでしょう。こうした反応は、すべて自分で気づけるわけではありません。たとえば、脳内で特定の物質が出たり、ホルモンバランスが変化したりする反応などは、自分ではわからないでしょう。

いくつかの身体反応に私たちが気づけるのは、そこに**感覚**が伴っているからです。鼓動が速くなっているとわかるのは、胸のあたりがドキドキする感覚があるためです。ゾクゾクする感覚は、「背筋が凍る」と言われるように、筋肉が緊張していたり、汗が出ていたりすることに起因するでしょう。

また、このとき何らかの行動もとられるでしょう。わかりやすいのは、その場から逃げ出すというものです。他にも、ヘビを下手に刺激しないようにじっとしたり、ゆっくりその場を離れるというのもあるでしょう。

喜びや悲しみといった他の感情でも、知覚・思考・身体反応・感覚・行動という要素がみられるはずです。では、この五つのうち、どれが感情にとって一番重要な本質でしょうか。これを考えるために、重要でないものを取り除いてみましょう。

知覚はなくてもいい

まず、知覚は重要でなさそうです。というのも、ヘビを実際に見なくても、目の前にヘビが出てきたことを想像するだけで恐怖が生まれることもあるからです。

もう少し踏み込んで説明しましょう。知覚というのは、**現在**自分の周りに**実際に**どういうものがあるか、何が起きているかを捉える働きです。当然のことですが、過去や未来のもの、起こっていないことを見ることはできません（もしそれができたら、使われているのは知覚ではなく超能力でしょう）。

他方で、私たちは**未来や過去の**こと、**現実に起きていないこと**について感情を抱くことができます。たとえば、門限を破ったので来月のお小遣いが無しになることを恐れるとしましょう。お小遣いをもらえないという出来事は現実になっていませんが、それが実現したらどうなるだろうと想像して、それを恐れることができます。同じように、宝くじを買っていなくても、宝くじが当たったことを想像して楽しくなることもあるでしょう。また、一年前に恋人に振られた記憶を思い出して、悲しくなることもあります。

このように、**私たちは、過去、現在、未来、実現されていない出来事に関する感情をもつことができます。これに対し知覚は、現在の物事にのみ関わっています。**こうした違いをみると、知覚は感情にとって本質的ではないと考えられるでしょう。

むしろ知覚は、感情に含まれているものではなく、感情を呼び起こすきっかけ、原因の一つと考えるべきでしょう。目の前にヘビがいるのを見ることがきっかけとなり恐怖が生まれますが、他にもきっかけはあります。目の前にヘビがいると想像したり、ヘビに噛まれそうになった記憶を思い出したりしても、恐怖が生まれるでしょう。

感覚

順番が前後しますが、ここで感覚について少し説明しておきましょう。というのも、**日常表現としての「感覚」には複数の意味があるからです。**

たとえば、「その感覚は理解できない」ということがあります。その場合には「意図や目的が理解できない」といったことが意味されているでしょう。また、「頭を使わず感覚で」という場合には、「余計なことは考えない」「気のむくまま」みたいなことが意味されています。そして、「色彩感覚が優れている」は、「センスがある」「趣味が良い」といったことが意味されているのではないでしょうか。また、先ほど取り上げた「知覚」が「感覚」と同じ意味で使われることもあります。

これに対し、**この本での「感覚」は、「自分に感じられるもの」を意味します**。英語だと「フィーリング」です。**たとえば、恐怖のゾクゾク感、怒りで頭に血が上ってかーっとなる感じ、といったものが感覚です**。

先ほど説明したように、それらは身体反応と関係しています。ゾクゾクする感覚は筋肉の緊張で、かーっとなるのは血流の速まりが感じられたものです。その感覚を感じることで、私たちは身体にどういう変化が起きたかを知ることができるでしょう。

注意してもらいたいのですが、この意味での「感覚」は、感情以外にも伴っています。たとえば、腕がかゆいときの「かゆさの感覚」です。かゆさを感じて不快な感情が生まれることもありますが、かゆさそのものは感情ではありません。その感覚によって私たちは、皮膚に湿疹ができているなど、体に何かしらの問題があると知ることができます。同じく、火照った感覚によって体温が上がっていることがわかるでしょう。

では、感情に伴う感覚は、感情にとって本質的なものでしょうか。つまり、感覚なしの感情など存在しないのでしょうか。実は、これに関しては論争があります。

もし感覚が感情の本質の一つであるなら、感情は必ず感じられるものであることになります。私たちは、自分が何らかの感情をもっていることを、感覚を通して、必ず気づけるということになります。

ですが、**もし感覚が本質的なものでないなら、「感じられない感情」もしくは「無意識の感情」が**

存在することになります。自分の心に何かしらの感情が生まれているのに、それに対応する感覚が伴っていないため、その感情に気づけない場合があるということです。

無意識の感情というものがあるかどうかに関しては、検討すべき論点がいくつかあります。感覚と無意識については、しばらくあと、第7講で詳しく取り上げたいと思います。

行動

次に、行動をみてみましょう。先ほど、ヘビを見て怖くなると、ヘビから離れる行動をとると書きました。ですが、感情を抱いたけれども行動をとれない場面も多々あります。

たとえば、他人から嫌味を言われて怒ったとしましょう。そのとき、そいつを殴ってやりたくなったとします。ですが、本当に殴ってしまったら警察沙汰になります。それを自覚しているなら、実際に殴ることはないでしょう。それでも、殴り**そうにはなっている**のではないでしょうか。

こうした点を考えると、**感情に伴う行動は、「実際に起こされた行動」ではなく、「行動の傾向」と考えるべきでしょう**。その行動をとる方に傾いていた、ということです。

たとえば、嬉しくて飛び上がりたくなっても、本当に飛び上がると周りの注目を変に集めると思って、実際には飛び上がらないこともあります。ですが、飛び上がりたくなりはします。同じように、怖くて逃げ出したくなっても、いろいろな事情から、逃げ出さないこともあります。それでも、恐怖を抱いている限り、逃げるという行動をとる傾向にあることは確かです。

こうした**行動傾向と身体反応には深い関連があります**。ヘビを見て怖くなると、呼吸が荒くなったり、鼓動が速くなったりするという身体反応が生まれます。呼吸が荒くなると、より多くの酸素が肺に入れられ、酸素が血液に取り込まれます。そして、鼓動が速くなると、血の巡りがよくなり、取り込まれた酸素が身体中に行き渡ります。そのように酸素が行き渡ると、筋肉を動かす準備ができます。それにより、ヘビから離れるという行動をとる準備が整います。そうすると、行動を起こす身体的な傾向ができること、言い換えると、**行動をとるための身体的な準備が身体反応**だと考えられるでしょう。

以上の点から、行動傾向と身体反応は同一視できるように思われます。また、先ほど「感覚」を取り上げた際に、感情に伴う感覚は身体反応が感じられたものだと述べました。ここまでの話からすると、**感覚は、行動の準備である身体反応を感じたもの**ということになります。

というわけで、残りは思考と身体反応です。実は、感情にとって思考が本質的なのか身体が本質的なのかという点は、感情研究の重要テーマの一つとなっています。

3 思考の重要性

大学の講義では、感情に関わる五つの要素のうち、どれが感情にとって本質的だと思うか学生にアンケートをとっています。そのなかで、毎年一番多い答えが、「思考」です。

その理由を聞いてみると、よく返ってくる答えが二つあります。一つは、「知覚がなくても、想像でも感情は生まれる」というものです。これは先ほど説明しました。

もう一つは、**「身体反応、感覚、行動は、思考があって初めて生まれる」**というものです。たとえばヘビを怖がる場合、ヘビが危険だと判断したからこそ、ゾクゾクしたり、心臓の鼓動が速くなったり、その場から離れるという行動がとられたりするのであって、危険だと考えなければ他のものは生まれない、ということです。だからこそ、感情にとって一番重要なのは思考だというわけです。この理由は、それなりに納得できるのではないでしょうか。

思考が感情の本質という考えを後押しするために、別の例を挙げておきましょう。あなたの目の前に小さいカラフルなカエルが出てきたとします。もともとカエルが嫌いでなければ、それを見て「色が綺麗だな」「かわいい」と思うかもしれません。

実のところ、そのカエルは触れただけで死ぬかもしれない猛毒をもつヤドクガエルだったとしましょう。そのとき、あなたは命の危険にさらされています。ですが、そのカエルがヤドクガエルと知らなければ、恐怖は生まれないでしょう。

なぜでしょうか。もちろん、ヤドクガエルは危険だと判断することができないからでしょう。この例からわかるのは、**「これは危険だ」と考えたり判断したりできなければ恐怖は生まれない**ということです。

別の例をみてみましょう。みなさん、写真を撮るときに手で裏ピースを作ったことはないでしょうか。日本人はそのハンドサインを見てとくに何も思いませんが、イギリスでは同じものが侮辱のサインとされています。「それは侮辱のサインだ」と判断した人は、きっと怒りを感じるでしょう。ですが、そう判断しない人は怒りを感じません。

この例をみると、**「侮辱だ」と判断するかどうかが怒りが生まれるかどうかを決めている**とわかります。ここでも、思考や判断がなければ感情は生まれないということがわかるでしょう（この例はさらに、感情に文化が影響することも示しています。それについては第6講で取り上げます）。

ですが、**すべての思考や判断も感情にとって本質的だという考えには無理があります。**それを理解するために、生まれてすぐの赤ちゃんは感情をもつかどうか考えてみてください。

赤ちゃんと動物の感情

はたから見れば、赤ちゃんも感情をもっているようにみえます。親に抱きかかえられたり、いないいないばぁをしたりすると、嬉しくて笑うようにみえます。また、知らない人が近づいたら怖がっているようにみえます。

ですが、**赤ちゃんは、成人と同じように物を考えたり、何かを判断したりすることはできません。**赤ちゃんは危険とは何かをあまり理解していないでしょう。そのため赤ちゃんは（少なくとも成人と同じようにして）「危険だ」と考えたり判断したりすることはできないことになります。

ここで、**恐怖を抱くためには成人が行なっているような方法で「危険だ」と判断することが不可欠だとしましょう。**そして、先ほどみたように、赤ちゃんはその判断を下せません。そうすると、**その判断を下せない赤ちゃんは、恐怖を抱けないという結論が導かれることになります。**知らない人が近づいてきたとき、赤ちゃんは怖がっているようにみえますが、あくまでそうみえるだけで、本当に怖がっているわけではない、ということになってしまうのです。

また、人間以外の動物を考えてみましょう。犬、猫、カエル、金魚、何でもいいのですが、そうした**動物は、人間の成人と同じようにして「危険だ」と判断することはできないでしょう**。少なくとも、それらは人間のように言葉を使って物事を考えたりすることはできません。

では、そうした動物は恐怖を抱くでしょうか。もし「危険だ」と判断することが恐怖を抱くために不可欠なら、こうした動物は恐怖を抱けない、という結論が導かれます。先ほどと同じように、それらが怖がっているようにみえることはあっても、本当に怖がっているわけではないのです。

この結論に納得できるでしょうか。もし納得できず、赤ちゃんも人間以外の動物も恐怖を抱くと考えたいなら、**恐怖を抱くために、成人と同じような思考は不可欠ではない**と考えなければなりません。少なくとも、人間の成人が下すような、言葉を使って物事を考えて下す「危険だ」という判断は不可欠ではない、と言わなければなりません。

そうすると、感情にとって**ある種**の思考が本質的だと考えなければなりません。感情の本質に含まれる思考は、**赤ちゃんや動物にもできるような形式の思考**だということです。人間の成人でも、「恐怖で何も考えられなくなって無我夢中で逃げ出した」と言われるような場合には、言葉を使った判断ではなく、赤ちゃんや動物が行なっているような形式の判断が下されているかもしれません。

感情と思考については、また第4講で取り上げたいと思います。次回は、感情に関する授業や本でよく最初に登場する感情理論、ジェームズ＝ランゲ説を取り上げます。その説は、感情は「身体反応の感覚」だと主張しています。

感情と思考は対立する？

ところで、ここでちょっと考えてもらいたいことがあります。みなさん、今回の話を読むまで、**感情と思考は対立するものだと思っていなかったでしょうか。**

たとえば、「感情的な人は冷静に物事を考えられない」とか、「思考重視タイプの性格と感情重視タイプの性格がある」みたいなことがよく言われます。ですが、これまでの話を踏まえると、**感情と思考を対立させるのはおかしいとわかるでしょう。ヘビが危険だと考えられなければ、ヘビに恐怖を感じることもできないのです。**

哲学では、このような発見がよくあります。つまり、改めて考えてみると、これまで当たり前だと思っていたことが実はそうでもなかったとわかることがあるのです。ときどき、「哲学なんかやっても何の役にも立たない」と言われたりしますが、今回みたように、**当たり前を鵜呑みにせず、改めて物事を考える習慣をつけるうえで、哲学は非常に役に立つものなのです。**

第3講　感情と身体

感情研究では、感情の身体的側面と思考的側面をどう両立させて理解するかが重要なテーマの一つとなっています。今回は、身体を重視する「身体説」を検討します。

まず、身体説の代表として、ジェームズ＝ランゲ説を紹介します（第1節）。次に、この考えを支持する「思考実験」を説明します（第2節）。その際には、そもそも思考実験とは何なのかも説明しておきましょう。そして最後に、身体説の欠点と、そこから汲み取るべき論点を説明します（第3節）。

1　ジェームズ＝ランゲ説

「ジェームズ＝ランゲ説」という名前は、ウィリアム・ジェームズというアメリカの哲学者・心理学者と、カール・ランゲというデンマークの生理学者の名前に由来します。どちらも一九世紀後半から二〇世紀初頭の人物です。二人で一緒に研究をしていたわけではありませんが、同時期に同じような感情理論を主張したので、現在では二人の考えをまとめて「ジェームズ＝ランゲ説」と呼ばれています。

ちなみに、ジェームズはアメリカで初めて心理学の研究室を作った人として、また、プラグマティズムという哲学思想の最初期の重要人物としても有名です。以下では、主にジェームズの考えに依拠しつつ、この立場を紹介しましょう。

悲しいから泣くのではない、泣くから悲しいのだ

ジェームズ＝ランゲ説はこのフレーズで有名です。ひょっとしたらみなさんもどこかで聞いたことがあるかもしれません。**このフレーズは感情についての常識的な考えとは正反対のことを述べています。**

常識からすると、悲しみという感情が発生し、その感情が原因となって、涙が出るという身体反応が生まれると考えられるでしょう。同じく、まず恐怖が生まれ、そのために心臓がドキドキしたり冷や汗が流れたりすると考えられるのではないでしょうか。つまり、感情が身体反応を引き起こしていると考えられるのです。

これに対し、ジェームズ＝ランゲ説では、悲しみが涙を流させるのではなく、**涙が出るという身体反応がまず起こり、その反応に気づくのが悲しみだ**と言われています。同じく、怒るから頭に血が上るのではなく、頭に血が上っていると気づいたのが怒りです。また、心臓がドキドキしていたり筋肉

がこわばっていたりすることを感じたものが恐怖だということです。つまり、感情は、**自分の身体反応を感じとったもの**、言い換えると、**身体反応の感覚**だと述べているのです。

このフレーズに対して、いくつか疑問がわくでしょう。まず、「悲しくても涙が出ないこともある」と思った人も多いでしょう。確かにそうです。「泣くから悲しいのだ」というフレーズは、ジェームズ＝ランゲ説のポイントをわかりやすく強調していますが、不正確な面もあります。

ですが、次の点を考えてみてください。確かに、悲しくても涙が出ないことはありますが、**涙が出そうになっている**とは言えるのではないでしょうか。少なくとも、平常時とは涙腺のあたりの反応が違っているでしょう。そのとき、実際には涙が出ていなくとも、涙を出す準備としての身体反応はいくらか起こっていると考えられます。

思い出してほしいのですが、前回の講義では、感情に伴う行動傾向と身体反応には深い関係があると説明していました。ヘビを見たとき実際に逃げ出さなかったとしても、呼吸が荒くなったり、鼓動が速くなったりするという身体反応が起こります。こうした身体反応の役割は、より多くの酸素を取り込み、身体中に酸素を送り、ヘビから離れるという行動をとるための準備とみなせます。

悲しみの場合も、涙が実際に流れていなくとも、流れる準備となる身体反応は生じている、と言えるのではないでしょうか。同じく、怒ったときに実際に殴りかからなくても、殴る準備となる身体反応は起こっているでしょう。

また別の疑問として、「恐怖や喜びの涙もあるじゃないか」と思った人もいるでしょう。確かに、涙は悲しみだけを特徴づけるものではなさそうです。

とはいえ、**悲しいときには他の身体反応も起こっています。**体に力が入らない、表情がこわばる、喉が締めつけられる。こうした反応は、喜びのときには起こりそうにありません。さらには、自律神経の働きや血流が特定の（喜びや恐怖のときとは異なる）仕方で変化するという反応もあるでしょう。**悲しみには悲しみに特有の身体反応の組み合わせがあって、その組み合わせは、怒りの身体反応の組み合わせや、恐怖の組み合わせとは異なっている**でしょう。

以上のように、すぐ思いつく疑問にはある程度答えられます。ですが、ジェームズ＝ランゲ説の不可解さがすべて取り除かれたとは言えないでしょう。というのも、そもそもなぜこんな常識外れの考えを主張するのか、その理由がまだ説明されていないからです。

一般的に言って、わざわざ常識はずれのことを主張するなら、それなりの理由や根拠が必要となります。ただ闇雲に常識に背いても、誰も相手にしてくれないでしょう。大胆な主張をするなら、その主張の正しさを示す説得的な根拠が必要となるのです。

ジェームズはそうした根拠の一つとして「思考実験」を行なっています。次に、それを説明しましょう。

2　根拠となる思考実験

思考実験とは何か

まず、思考実験とは何かを少し説明しておきましょう。

思考実験とは頭のなかで実験してみることです。実際に器具を使って何かを計測したり、化学反応を起こしたりするのではなく、**特定の状況を想像し、そのとき何が起こるかを考え、そこから結論を導くという手法です**。

有名なものとしては、トロリー問題というものがあります。みなさん聞いたことがあるかもしれません。ブレーキのきかなくなった列車が走ってきて、このまま進むと線路の先にいる五人が轢かれてしまいます。このとき、あなたは線路のポイントを切り替えるスイッチの近くにいます。スイッチを切り替えると列車は別の線路に向かい、五人は助かります。ですが、切り替わった線路の先にも人が一人いて、切り替えるとその人が轢かれてしまいます。この状況を想像して、ポイントを切り替えるのが正しいのか、それとも切り替えないのが正しいのか、それを考えて結論を出す、というものです（トロリー問題は第11講で詳しく取り上げます）。

また、人の同一性を考えるためにも、思考実験がよく使われます。たとえば、一〇年前の自分と今日の自分が同じ人であるとはどういうことでしょうか。一〇年もたつと、体を構成する細胞は入れ替わってしまっているので、物理的に同一とは言えそうにありません。では、記憶はどうでしょうか。一〇年前に自分が何を体験したか覚えていて、その記憶は今日まで連続しているので、一〇年前と今の自分は同一人物だ、と考えられるかもしれません。しかしここで、記憶喪失になって一〇年前の記憶をすべて失ってしまった状況を想像してみましょう。このとき、一〇年前と今の自分が同一人物であることを保証してくれるものは何でしょうか（この話題に興味がある人は、鈴木ほか［2014］第1章を読んでみてください)。

また、思考実験は物理学でも使われています。たとえば物理の計算では、摩擦がまったくない床とか滑車とか現実には存在しないものが登場し、それを使って力学的な計算がなされます。摩擦ゼロという想像上の状況で計算しても、摩擦がある現実の状況で起こることと近い計算結果が得られるでしょう。また、アインシュタインが相対性理論を作るときに思考実験を行なったという話は非常に有名です。他にも、量子力学では「シュレディンガーの猫」という思考実験も有名です。興味がある方は調べてみてください。

感情についての思考実験

では、感情の思考実験を実際にみてみましょう。身体反応の感覚が感情の本質だと主張するうえで、ジェームズが使っている思考実験は次のものです(ジェームズ [2020] p. 51)。

まず、何か感情を抱いている場面を想像しましょう。そのときには、何かしら身体反応も生じている様子が想像されているのではないでしょうか。たとえば、怒っている自分を想像してみましょう。頭に血が上って顔が赤くなったり、殴りかかろうと拳を握りしめたり、歯を食いしばったり、眉間にシワがよっている自分が想像されるでしょう。

次に、その想像のなかで、身体反応を抜き去ってみましょう。血圧も上がらず、筋肉も緊張せず、眉間にシワもよっておらず、歯を食いしばってもいません。このとき、あなたは怒っているのでしょうか。むしろ、**身体反応がなくなると、感情も一緒になくなってしまっているのではないでしょうか。**

そうであるなら、こうした身体反応なしの怒りなど存在しないと考えられます。

別の場面も考えてみましょう（以下は、ジェームズではなく私が作った例です）。自分が飼っているポチという犬が死んで、深い悲しみを抱いたとしましょう。そのとき、生きていた頃のポチとの暮らしを思い出したり、「ポチはもういない」と考えたり、涙を流したり、喉が詰まったり、うなだれたりしているでしょう。

次に、それから一〇年ほど経った状況を考えてみましょう。このとき、ポチの死についての悲しみはすっかりおさまっています。それでも、ポチとの暮らしを思い出すことができるでしょうし、ときどき「ポチはもういない」と考えるでしょう。しかし、涙を流したり、喉が詰まったり、うなだれたりすることはありません。つまり身体反応がないのです。

こうした例を考えてみると、**涙が出そうになったり体に力が入らなかったりするという身体反応の感覚がなければ、悲しみは生まれないと考えられるのではないでしょうか。**悲しみがおさまった一〇年後でも、ポチの死について考えることができますが、それができるだけでは悲しくなりません。悲しくなるためには、涙が出そうといった身体反応の感覚が必要だと考えられるのではないでしょうか。

もちろん、一〇年後でも、死んだポチを思い出して再び悲しくなることはあります。ですが、**昔を思い出して悲しくなる場面では、涙が出そうといった身体反応の感覚も再び生まれているのではないでしょうか。**

以上の思考実験からすると、**身体反応の感覚がなくなると悲しみもなくなってしまうと考えられそうです。**そして、前回の講義では、「それが失われるともはや感情でなくなってしまうもの」が感情の本質だと述べました。そうすると、身体反応の感覚が感情の本質だと考えられるのではないでしょうか。

思考実験の欠点

先ほどの思考実験に納得できたでしょうか。私の講義に出ていた学生に聞いてみると、だいたい、納得できる人と納得できない人は半々くらいに分かれます。

とはいえ、納得できる人が多ければこの思考実験が正しいことになるというわけではありません。この点は何でもそうです。ある考えを支持する人が多いからといって、その考えが正しいことになるわけではありません。というのも、**どの考えを支持するかは、個人のものの考え方や、世間の常識などに左右されるからです。**

例として、天動説を考えてみてください。地球が宇宙の中心にあり、その他の星は地球の周りを回っているという考えです。天動説は二世紀から一七世紀あたりまで正しいとされていました。天文学が発展していない段階では、地球と他の星の関係を知るには、自分たちの普段の経験に頼るしかありません。そして、普段の経験からすると、地球を中心として他の星が回っているという考えは、非常に納得のいくものでしょう。地球からはそのように見えるからです。ですが、望遠鏡が発明されたり、天文学が発展したりして星の運動についてより詳しく知ることができるようになった結果、現在では天動説を信じている人はほとんどいません。一七世紀以前は多くの人が納得していた考えも、現在では反対する人の方が多いのです。

こうした例をみると、ある話に納得できるかどうかは、時代や地域、文化の常識に左右されるということがわかるでしょう。そうだとすると、ある話を納得できたからといって、その話の正しさが裏づけられたわけではないと言えます。

思考実験にも同じことが言えます。**思考実験から導かれる結論に納得できるというだけで、その結論の正しさが裏づけられるわけではないのです。**思考実験は頭のなかだけで行なう実験なので、机上の空論になってしまうおそれも十分にあります。

もちろん、多くの人が納得できる思考実験は、納得できないものより、説得力があるとは言えますが、**それだけで決着がつくわけではありません。**別の根拠もないか考えてみるべきでしょう。

予測を検討する

ここで、ある主張の妥当性を判定する方法を一つ説明しましょう。それは、**その主張からどういう予測が導かれるかを考えてみることです。**仮説AからBという予測が導かれる場合、Bが正しければ、その予測の元になったAも正しそうだと考えられます。反対に、Bが間違っていると判明したら、Aは間違っていそうだと推測されます。

たとえば、「恐竜が絶滅した原因は小惑星が地球に衝突したからだ」という仮説を立てた場合、その仮説からは、「小惑星が衝突した時代の地層には小惑星に多く含まれる物質（イリジウム）がたくさん含まれているはずだ」という予測が立てられます。そして実際に、その時代の地層はイリジウムを多く含んでいました。そうすると、小惑星衝突で恐竜が絶滅したという仮説の説得力が増すことになるでしょう。この推論は実際に恐竜絶滅の原因に関する議論で使われたものです（より詳しくは、吉田［2018］第1章を参照してください）。

では、予測を検討するという点からジェームズ＝ランゲ説を考えてみましょう。それによると、感情は身体反応が感じられたものです。この主張から導かれる予測は次のようなものになります。それは、**損傷によって身体反応があまり起こらなくなると、感情をうまく抱けないことになるはずだ**、というものです。そして、この予測は、現実の症例を調べれば、正しいかどうか判定できそうに思われます。

現実の症例が実際どうだったかというと、身体を損傷することで感情が乏しくなった人もいたのですが、そうではない人もいました。というのも、現実の症例はさまざまだからです。身体がどれくらい損傷しているかは人によって違います。また、損傷する前後で生活習慣が変わってしまったために感情に影響が出たのかもしれません。ある学説をテストするのにぴったりな症例は、そうそう見つかるものではないのです（詳しくは、プリンツ［2016］p. 95–96を参照）。

このように、**現実の事例をみても、ある学説、理論、解釈が正しいかどうか判定できないことは多々あります。そうした場合には、もう少し抽象的な議論、哲学的な考察が必要となります**。つまり、その学説は、説明すべきことをちゃんと説明できているか、内部に矛盾はないか、一貫性はあるのか、といったことを検討する必要があるのです。

次に、そうした観点からジェームズ＝ランゲ説を検討してみましょう。そうすると、ジェームズ＝ランゲ説は、感情がもつとされる役割を説明できていないのではないかという疑念が出てきます。

3　身体説の検討

身体説の欠点

ジェームズ＝ランゲ説をはじめとして、身体反応のみを重視する単純な身体説には欠点があります。それは、「**身体反応を感じてわかるのは身体反応だけではないか**」というものです。なぜこれが問題になるのかを理解するために、そもそも感情がどういう役割を果たしているのかを考えてみましょう。

まず、悲しくなるさまざまな場面を考えてみましょう。飼っているペットが死んだ、財布を落とした、恋人と別れた、などなど、人はいろいろな場面で悲しみを感じます。このように悲しみが生まれる場面はいろいろありますが、そこには共通点があります。それは、**大切なものの喪失**です。ペットも、財布も、恋人も、自分にとって大切なものであり、それがなくなってしまったときに生まれるのが悲しみなのです。つまり、**悲しみは重大な喪失を捉える感情なのです**。

他の感情も同じように考えられます。山道でヘビと遭遇した、断崖絶壁に立った、一人で暗い夜道を歩いている、といった場面で人は恐怖を感じます。恐怖を感じる場面には、**自分の身に危険が迫っているという点**が共通しています。また、怒りを感じる場面、たとえば、他人から文句を言われた、財布を盗まれた、といった状況には、**自分が不当な扱いを受けている**、何らかの**侵害がある**という点が共通しています。喜びを感じる場面には、**自分にとって都合が良いことが起きた**という点が共通しているでしょう。

以上からわかるのは、**感情は、自分をとりまく状況がもつ価値に対する反応だということです。**ここでの「価値」は、「自分の生命や生活に影響を与えそうな重要な事柄」を意味しています。日常的に「価値がある」と言われる場合には、「生命や生活を良くしてくれるもの」「ポジティヴにはたらくもの」が意味されているでしょう。ですがここでは、ポジティヴな影響だけでなく、ネガティヴな影響を与えるものも「価値」と呼びます。恐怖は「危険」というネガティヴな価値を、喜びは、「都合の良いこと」というポジティヴな価値を捉えているのです。

感情は価値を捉える働きであるという点を踏まえると、身体説の欠点が明らかになります。身体説の代表例であるジェームズ＝ランゲ説によると、感情は身体反応を自分で感じ取ったもの（身体反応の感覚）でした。恐怖は、心臓がドキドキしていたり、呼吸が荒くなっていたり、筋肉が緊張していたりするのを感じることです。これに対し、先ほどの話からすると、恐怖は危険を感じ取るという役割をもっています。

ですが、**自分の身体状態を感じ取ってわかるのは、自分の身体がどうなっているかということだけ**でしょう。心臓がドキドキしているのを感じてわかるのは、心臓がドキドキしているということだけです。同じように、筋肉が緊張していることを感じてわかるのは、筋肉の緊張です。これらを知ったとしても、危険が迫っていることを知ったことにはなりません。

つまり、**身体説には、感情がもつ「価値を捉える役割」を説明する手段がない**のです。そのため身体説は、感情の説明理論として不十分だと言えるでしょう。

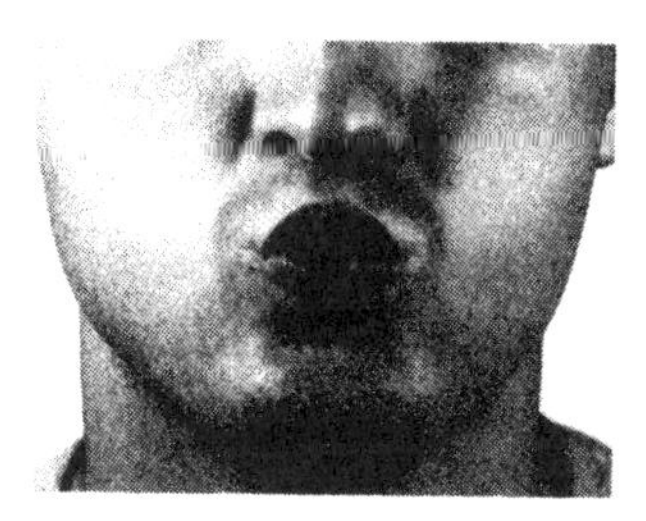
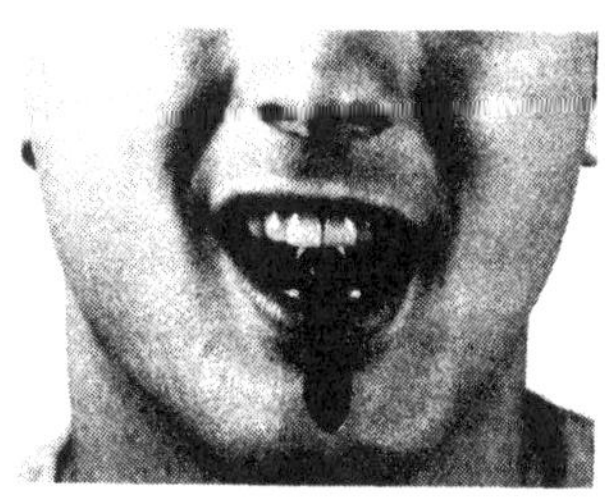

Strack and Stepper［1988］

ですが、**感情に身体がまったく関係ないと考えるのは早急です**。というのも、感情には身体反応の側面もありつつ、さらに、価値を捉える側面の二つがあると考える余地もあるからです。次に、感情と身体の関わりを示す例として、「表情フィードバック仮説」を紹介しましょう。

表情フィードバック仮説

この仮説によると、たとえば、笑顔を作ればその影響で少し楽しくなり、しかめっ面を作れば少し嫌な気持ちになるそうです。常識からすると、楽しさという感情が笑顔という表情を作り出すと考えられますが、笑顔という表情が楽しさという感情の呼び水となるように、逆向きの影響（フィードバック）があるということです。

　ストラックらはそれを示すために次のような実験を行ないました。実験参加者は上図の左のようにとがらせた口にペンを入れるか、右のようにペンを歯でくわえるようにします。そうすると、口を入れた場合はしかめっ面のように、歯でくわえる場合にはにやけたようになります。

　実験では、こうした条件のもと漫画を読み、その面白さを評価してもらいます。すると、ペンを歯にはさんだ実験参加者の方がペンを口にくわえた実験参加者よりも漫画が面白いと評価することが多かったそうです。この結果が意味しているのは、しかめっ面をしているより笑顔をしている方が少し楽しくなっている、ということでしょう。笑顔を作るだけで楽しみがゼロから生まれるわけではないでしょうが、すでに存在している楽しみを増幅する効果はあると言えそうです。

こうした実験だけでなく、日常的な経験のなかにも、身体から感情への影響を示す例がみつけられるでしょう。たとえば、怒り、恐怖、パニックになったとき、深呼吸をすれば落ち着くとよく言われます。こうした感情をもつときには呼吸が浅くなりがちですが、そこで意図的に深呼吸をすると、**身体反応を意図的に制御する**ことになります。それにより、**感情を意図的に制御できる**と考えられているのです。

以上の例からすると、感情には何かしら身体的側面があると考えられそうです。ですが、それだけでは足りず、さらに、価値を捉える側面もあると考えなければなりません。

では、価値を捉える働きとはどういったものでしょうか。**代表的なものは思考や判断です**。前回も判断について少し触れましたが、次回はさらに踏み込んで、身体反応と思考を組み合わせる感情理論を説明しましょう。

第4講 感情と思考

前回、感情は価値を捉える役割をもつと述べ、その点が単純な身体説では説明できないと指摘しました。今回は、その役割を果たす思考や判断を重視した感情理論を紹介しましょう。

まず、感情がもつ価値を捉える働きを、「志向性」という哲学の用語から特徴づけます（第1節）。次に、思考と身体反応の組み合わせとして感情を理解する考えを紹介します（第2節）。そのあと、価値を捉える「思考」がどういったものであるかを検討します（第3節）。最後に、第2講から考えてきた感情の本質に関する話をまとめたいと思います（第4節）。

1 志向性

感情に限らず、心についての現代哲学の中心には、**志向性**や**ついて性**と呼ばれる概念があります。

志向性とは、「何かに向けられている」「何かについてのものである」「対象をもつ」という特徴です。これだけだと何だかわからないので、具体的に説明しましょう。

たとえば、「考える」という心の状態を取り上げてみましょう。数学の問題を考える。明日の朝食に何を食べるか考える。二〇二〇年に開催されるはずだった東京オリンピックについて考える。このように、**考えるという心の状態が成り立つときには、必ず、考えられている対象があります**。先ほどの例だと、数学の問題、明日の朝食、二〇二〇年の東京オリンピックが考えられている対象です。何についても考えることなく、考えるという心の状態だけが成り立つことはありません。考えるときには、「何かについて」考えなければならないのです。

先ほど述べたとおり、明日の朝食について考える思考は、明日の朝食に向けられています。その思考は、明日の朝食を対象とする思考です。この場合の明日の朝食は、思考の「志向性が向けられているもの」という意味で、「志向的対象」と呼ばれます。

注意すべきですが、**志向的対象は現実に存在しているものとは限りません**。たとえば、明日の朝食に目玉焼きを作ろうと考えているとき、その目玉焼きはまだ存在していません（材料はあるかもしれませんが）。また、開催されなかった二〇二〇年の東京オリンピックについて「もし開催されていたらこうだったただろうな」と考えることができます。さらに、ペガサスなど想像上の対象について考えることもできます。

次に知覚をみてみましょう。**見るという心の状態、視覚状態が成り立つときには、必ず、見られている対象があります**。ヘビを見るとき、ヘビが見られています。このときの視覚状態は「ヘビに向けられている」「ヘビについてのものである」「ヘビを対象としている」状態です。「考える」のときと同じく、「見る」と「見られているもの」は必ずセットになっています。何も見られていないのに、見るという視覚状態だけが成立することはありません。たとえば、真っ暗闇で「何も見えない」と言われる状況でも、暗闇の黒さが見えています。「暗くて何も見えない」というのは、「光があれば認識できたはずの物体が認識できない」ということでしょう。

知覚も思考の場合と同じく、存在しないものが対象となる場合があります。たとえば、脳の異常でピンクの象の幻覚が見えているとき、その視覚状態は存在しないピンクの象を対象としています。その幻覚が見えた原因は脳の異常ですが、脳の異常そのものが視覚の対象となっているわけではありません。

他の心の状態も同じです。ラーメンが食べたいという欲求はラーメンを対象としています。ネッシーを捕まえたいという欲求は、おそらく存在しないネッシーを対象としています。ムー大陸は実在すると信じているとき、信じられている対象はムー大陸です。

このように、心の状態は何かしら対象をもっています。そして、対象をもつという特徴、**志向性は、心を特徴づける重要な要素の一つとなっています。**志向性がどうやって心に備わったのかについて、いろいろ考えがあるのですが、心が志向性をもつという点はおおむね同意がえられていると言えるでしょう（さらに詳しい説明としては、金杉［2007］第3章、戸田山［2010］第4章を参照してください）。

そうすると、**感情にも志向性があり、何らかの対象に向けられていると考えられるでしょう。そして、その対象が価値です。**恐怖は危険を対象としていて、怒りは侵害を、喜びは自分の目的に適うことを、悲しみは重大なものの喪失を対象としているのです。

感情の二つの対象

感情の対象は価値だと述べましたが、注意点があります。**感情の「対象」には二つの意味があります。**

日常的には、「ヘビが怖い」「強盗が怖い」「断崖絶壁に立つのが怖い」という言い回しが自然でしょう。こうした言い回しで意味されている恐怖の対象は、ヘビ、強盗、断崖絶壁に立つこと、といった具体的な物事です。**日常的な言い回しを基準にすると、恐怖の対象はこうした具体的な物事になるでしょう。**

他方で、恐怖を生み出す具体的なものには、「身の危険をもたらす」という共通点があります。ヘビ、強盗、断崖絶壁、戦争、病気、来年起こりそうな金融危機など、かなり特徴が異なるさまざまなものが恐怖という同じ感情を生み出すのは、どれも身の危険をもたらすものだからです。**感情を生み出す具体的な物事の共通点を基準にすると、恐怖の対象は身の危険という価値になります。**

感情は、ヘビなどの具体的な対象に向けられるだけでなく、その具体的な対象が自分にとって良い影響を与えるのか悪い影響を与えるのかを評価するという役割をもちます。それに応じて、感情の対象も二種類に分けられるのです。そして、ヘビや断崖絶壁といった個々の怖いものは「具体的対象」と呼ばれ、危険など共通するものは「形式的対象」と呼ばれます（プリンツ［2016］第3章）。

他の感情も同じように理解できます。試験に合格した喜びの場合、具体的対象は「試験の合格」で、形式的対象は「目的に適うこと」です。「財布を落とした」という出来事は悲しみの個別的対象であり、「重大なものの喪失」が形式的対象です。「他人から悪口を言われたこと」が怒りの個別的対象で、「自分に対する侵害」が形式的対象です。

先ほど、存在しないものも志向性の対象となると述べていました。もちろん、感情にもそれが当てはまるでしょう。たとえば、山道に落ちていたロープをヘビと見間違えて恐怖を抱くとき、その恐怖の個別的対象が存在しないヘビで、形式的対象は存在しない危険ということになります。

価値についてはまだ説明すべき点があるのですが（感情の正誤と文化的価値）、それは第5講と第6講で取り上げることにします。

身体説と志向性

以上の話をもとに、前回の身体説の欠点を言い直してみましょう。すると、**身体反応の感覚では感情の志向性が説明できない**ということになります。恐怖を感じる場面では心臓の鼓動が速まっているのが感じられますが、その感覚の志向性の対象は、鼓動の速まりです。なので、感情と身体反応の感覚を同一視すると、恐怖の対象は鼓動の速まりだということになってしまいます。ですが、これは明らかにおかしいでしょう。恐怖に備わる志向性の対象は、ヘビなどの具体的な物事、もしくは、それがもたらす身の危険だからです。

そのため、危険などを対象にできる心の状態として、思考や判断が導入されます。そうした思考や判断は、「認知」と呼ばれることもあります。感情には身体反応も含まれるのですが、自分を取り囲む状況がどういう価値をもつかは、感情に含まれた認知的要素によって捉えられていると考えられるのです。

では次に、感情を身体反応と思考の組み合わせとみなす考えと、その根拠となる実験をいくつか紹介しましょう。

2　身体と思考の組み合わせ

感情二要因説

まず、「感情二要因説」を紹介しましょう。この立場によると、**感情は身体反応の解釈**です。たとえば山道でヘビと遭遇したとしましょう。そのとき、まず、心臓がドキドキしたり呼吸が荒くなったりします。そして、このドキドキは危険なヘビのせいで生まれたと解釈されます。こうした身体反応と解釈を合わせたものが、恐怖という感情だということです。

この考えにとって重要なのは次の点です。身体反応の解釈で感情が決まるということは、**身体反応が同じでも、それをどう解釈するかに応じて感情が変わってくる**ということになるでしょう。

たとえば、「吊り橋効果」というものを聞いたことはないでしょうか。すごく揺れる吊り橋を渡って心臓がドキドキしているときに異性と出会うと、そのドキドキを恋愛感情と誤解してしまう、というあれです。実のところ、この話は感情二要因説に基づいています。心臓のドキドキは解釈次第で恐怖になったり恋愛感情になったりするというのです（Dutton and Aaron［1974］）。ただこの実験は、吊り橋にいる異性が魅力的でないと成功しないという話もあります（越智［2016］）。

ここでは、感情二要因説の提唱者であるシャクターとシンガーの実験の一部を使って、感情に要因説を解説しましょう（Schachter and Singer［1962］）。

その実験の参加者たちは、視力に効果があるか調べている薬だと言われて、アドレナリンを注射されます。アドレナリンを注射されたことにより、実験参加者たちは、鼓動が速くなったり呼吸が激しくなったりします。注射のあと、実験参加者は二つのグループに分けられます。片方のグループは、薬の副作用で心臓がドキドキしたりするかもしれないと告げられます。しかし、もう片方は何も言われません。

そして、どちらのグループの実験参加者も、薬の効果が出るまで部屋で待って、そこでアンケートに答えるよう指示されます。そのアンケートの内容は非常に失礼で、「あなたのお母さんは何人と不倫したと思いますか」といった質問もあります。さらに、その部屋には仕掛け人がいます。その人は、実験参加者と同じようにアンケートに答えているのですが、アンケートを読んで怒り出し、しまいにはアンケート用紙を破り捨てて部屋から出て行ってしまいます。

では、心臓がドキドキするかもしれないと告げられた人と、告げられなかった人にどのような違いが出たでしょうか。後者は怒りを感じたそうですが、前者はそれほどではなかったそうです。

なぜこうした違いが出たのでしょうか。どちらもアドレナリンを注射されているので、心臓がドキドキしたり、呼吸が荒くなったりしています。このとき、薬の副作用がある可能性を知らされていない人は、自分が失礼な状況に置かれているから心臓がドキドキしているんだと解釈します。そのため怒りが生まれます。隣でアンケートに答えている人がめちゃくちゃ怒っているので、自分も怒って当然だろうと思うはずです。他方で、薬の副作用を知らされている人は、このドキドキは薬のせいだと解釈します。そのため、それほど怒りません。

この実験のポイントはこうなります。**どちらの実験参加者もアドレナリンを注射され、それによって同じ身体反応が引き起こされます。ですが、その身体反応をどう解釈するかで、怒ったり怒らなかったりするというわけです。**そして、このときの解釈は、自分がどういう状況に置かれているか、その状況がどういう価値をもっているかを踏まえてなされているでしょう。不当な扱いを受けていると考えるからこそ、その身体反応は怒りの身体反応だと解釈されるのです（同じ身体反応を喜びと解釈させる実験も行なわれています）。

評価理論

感情二要因説は、まず身体反応が生まれ、次に思考（解釈）が生まれると主張していました。ですが、**日常的な経験からすると、逆の順番の方が自然に思えます。**寝坊して、焦りや恐怖を感じる場合を考えてみましょう。目覚めて時計を見て、時間を認識して、寝坊したと気づいた後で、冷や汗が出てきたり心臓がドキドキしたりするのではないでしょうか。

身体より思考が先にあると主張する考えとしては、「評価理論」と呼ばれるものが有名です。**「評価」とは、その対象が自分にとってどのような重要性をもつかを判定することです。**ここまでの言葉

を使えば、対象の価値を捉える思考です。評価は、たとえば、自分が侵害されている、身の危険が迫っている、重大な喪失が起きた、という判断として理解できるでしょう（ラザルス［2004］第4章）。

評価の重要性を示すため、ラザルスとアルファートは次のような実験を行ないました（Lazarus and Alfert［1964］）。実験参加者は、オーストラリアの先住民族の男性の成人通過儀礼のビデオを見ます。その通過儀礼は生殖器の改造で、麻酔なしで骨を突き刺すなど、かなりグロい様子が記録されています。そのビデオには二つのバージョンがあり、どちらも映像は同じなのですが、片方には儀式を受けた人の痛みやトラウマを強調するようなナレーションがついているのに対し、もう片方はその成人通過儀礼を科学的・文化人類学的に解説したナレーションがついています。

では、二つのナレーションはどういう違いを生んだのでしょうか。トラウマを強調したバージョンを見た実験参加者は、不快な感情を強く感じ、また、自律神経系の反応も大きかったそうです。これに対し、成人通過儀礼としての側面を解説したバージョンを見た実験参加者は、自律神経系の反応と不快感情は抑えられたそうです。

どちらのグループも見ているビデオは同じなので、見終わったあとの身体反応と感情の違いは、映像そのものではなく、ナレーションを聞いて理解した内容の違いによってもたらされていると考えられます。この儀式はひどいものだと評価したからこそ、身体反応が高まり、また、不快な感情が生まれたと考えられます。儀式を冷静に評価したときには、そうした身体反応も不快な感情もさほど生まれないのです。

以上の点を踏まえると、まず先に評価があり、それが身体反応を引き起こしていると考えることができます。そして、そうした評価と身体反応が合わさったものが感情だと考えられるでしょう。

3 どんな思考が必要なのか

ここまで、感情は身体反応と思考の組み合わせだと主張する立場と、その根拠となる実験を二つ紹介しました。具体的な実験があるため、感情が身体＋思考であることは確かに示されたと思われるかもしれません。

ですが、話はそう単純ではありません。というのも、まだ検討すべき点が残っているからです。**問題となるのは、二つの実験で鍵となっていた思考は、かなり高度なものだという点です。**

最初の実験で感情の違いを生み出していたのは、薬の副作用を知っているかどうかに応じて変わってくる解釈でした。次の実験で感情の違いを生み出していたのは、ビデオと一緒に流れた儀式の解説です。薬の副作用の説明も儀式の解説も言語によってなされていて、それを理解できるのは言語を使える人でしょう。**そのため、これら二つの実験で感情の違いを生み出したのは、言語的な思考だと言えるでしょう。**

ですが、感情に関わる思考は必ず言語的なものだという主張は受け入れがたいように思われます。それを理解するためには、第2講でみたように、言葉を覚えていない赤ちゃんについて考えてみるのがいいでしょう。もし感情に関わる思考が言語的なものであるなら、**言語を使えない赤ちゃんは、感**

情をもっていないことになります。ですが、これは信じがたいでしょう。赤ちゃんは、親しい人が近づけば喜び、ほったらかしにされると悲しみ、知らない人が近づくと怖がるようにみえます。もしくは、人間以外の動物の場合を考えてもいいかもしれません。言葉を使えない動物も、喜びや悲しみ、恐怖を感じていそうです。

さらに、すでに言葉を使える人でも、言葉に依存しない感情を抱く場面があると考えられます。たとえば、ヘビが目の前に出てきて「恐怖で頭が真っ白になる」場合です。このとき、「ヘビだ、危ない、逃げよう」といった言葉が心に浮かんでいるわけではないでしょう。

恐怖の二つの経路

ここで、言語的な思考に基づいてい**なさそう**な感情の一例を紹介しましょう。注目したいのは恐怖です。

恐怖は、扁桃体(へんとうたい)という脳領域の働きに基づいていると言われます。扁桃体は、恐怖に関わる身体反応、心拍や呼吸、ホルモンレベルの変化を統制していると言われる領域です。この領域に損傷があると、普通なら恐怖を生む対象を見せても、恐怖に特有の自律神経反応が起こらなくなります(日本認知科学会[2016]p. 23)。さらに、他人の怯えた表情を見たり、怖がっているときの声を聞いたりしても、それを「怖がっていることの表れ」として認識できなくなるそうです(フォックス[2014]p. 158–159)。

そして、ここで重要なのは、眼から入ってきた情報が扁桃体に伝わる経路が二つあるということで

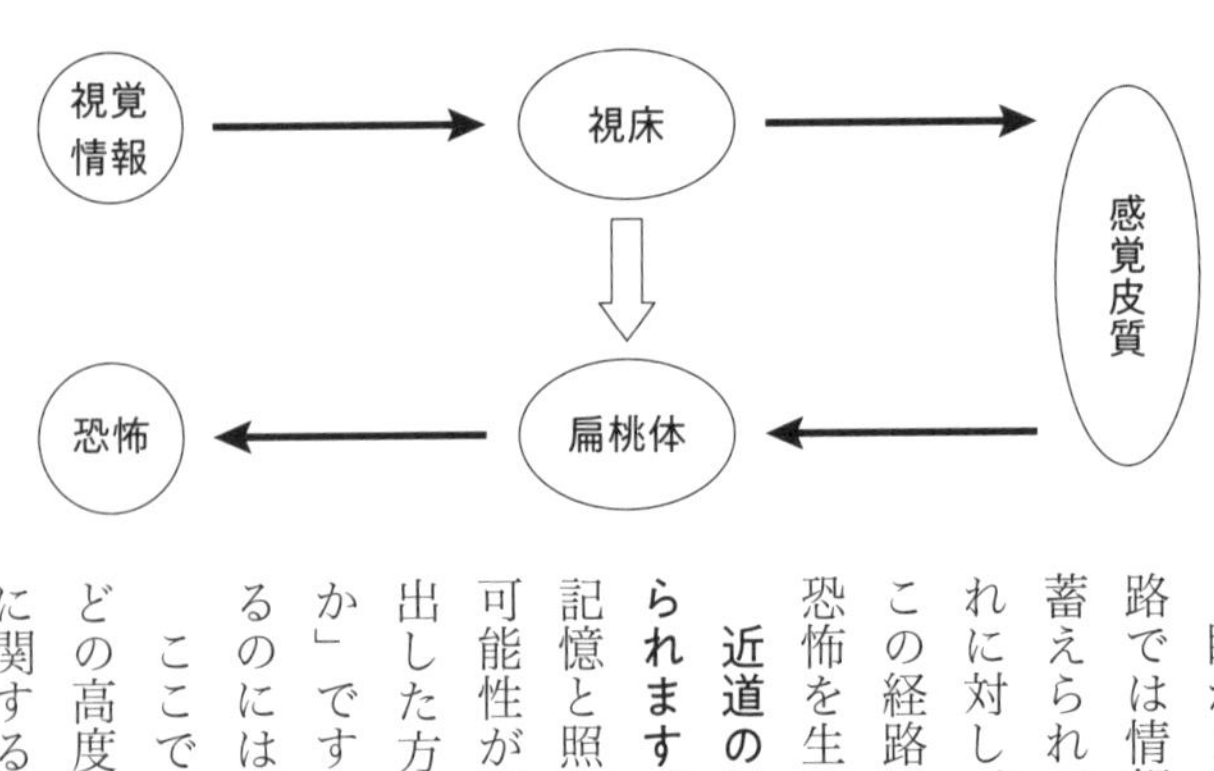

す（ルドゥー［2003］第6章）。

眼から入ってきた情報は、まず、視床に送られます。そのあと、片方の経路では情報が感覚皮質に送られます。そこでは、送られてきた情報と記憶に蓄えられている情報が照合され、そのうえで情報が扁桃体に送られます。これに対し、もう片方の経路は、視床から扁桃体に直接情報を送るものです。この経路は扁桃体への近道となっており、一つ目の経路の半分ほどの時間で恐怖を生み出すと言われています。

近道の経路は、危険なものにすばやく対処するために備わっていると考えられます。たとえば、ヘビらしきものが目に入ったとき、それに近づいて、記憶と照らし合わせ、本当にヘビかどうか判断していると、噛まれてしまう可能性が高くなります。なので、詳しくよりも、すぐさま恐怖を感じて逃げ出した方がいいでしょう。もし見間違いだったら「なんだヘビじゃないのか」ですみますが、噛まれたら死ぬかもしれません。すばやく恐怖が生まれるのには、このような利点があるのです。

ここで、言語との関わりに戻りましょう。近道の経路では、大脳新皮質などの高度な思考に関わりそうな領域を経由せずに、眼から入った危険な対象に関する情報が扁桃体に送られています。そして、扁桃体は恐怖に関する身体反応を制御しています。そうすると、**この経路が働くとき、言語的な思考**

は関与せずに恐怖が生み出されると考えられるでしょう。

価値を把握する思考

以上の点からすると、言語的な思考に基づかない感情があると考えられます。とはいえ、「感情にはどんな思考もなくていい」ということにはなりません。志向性のところで説明したように、価値を捉える役割は身体反応では説明できないので、その役割を果たすものとして思考が必要とされるからです。

そうすると、次の方向で考えた方がいいように思われます。それは、**思考には段階がある**ということです。

一方で、言語を使えない赤ちゃんや動物にも可能な、言語に基づかない思考があるでしょう。そうした思考は、あえて言葉で表現するなら、「嫌だ」「もっと欲しい」といった単純な内容しかもたないものでしょう。ですが、そうした単純な内容でも、いくらかの価値を捉えることができます。**言語を使えない生き物は、そうした単純な内容の思考を含む感情をもてると考えられるでしょう。**

他方で、もっと複雑な思考もあるでしょう。それは、進化によって知能が上がったり、成長して言語を使えるようになったりすることで抱けるようになるものです。そして、**言語的な思考に基づく感情もあると考えられます。**たとえば、前述の二つの実験で強調されていたのはこうした感情でしょう。薬の副作用や儀式の解説を理解することで生まれる感情です。副作用や儀式は赤ちゃんや動物に理解できるものではありません。ですが、それを理解できるからこそ生まれる感情もあると考えられるのです。複雑な思考に基づく感情については、第6講で詳しく取り上げたいと思います。

ここまでの話で重要だったのは、**感情には価値を捉える思考が不可欠だけれども、その思考は言語的なものである必要はない**ということです。言語が使えなくとも可能な思考も価値を捉えることができ、それが感情の構成要素となっているということです。

4 「感情の本質」まとめ

第2講から、「感情とは何か」という問題を考えてきました。今回までの話で、それに対する答えがおおよそ見えてきたと思います。ここでそれをまとめておきましょう。

感情には、今回説明した思考的側面と、前回説明した身体的側面の二つがありました。思考的側面は、自分が置かれた状況の価値を捉えています。恐怖の場合、自分の身に危険が迫っていることが捉えられています。身体的側面は、恐怖の場合、心臓がドキドキしたり、呼吸が荒くなったりするという身体反応でした。

こうした身体反応は、価値を捉える思考を踏まえると、価値への対処として理解できるようになります。呼吸が激しくなるとより多くの酸素が取り込まれ、心拍が上がると血流がよくなり、取り込まれた酸素が身体中に行き渡ります。それにより、危険なものから逃げたり、それと戦ったりするための準備ができます。

つまり、感情は、価値を捉える思考と、価値に対処するための身体的な準備の組み合わせとして理解できるのです。

感情の身体的側面と思考的側面をどのように理解するかは、感情研究の重要テーマの一つとなっています。それについては、今回まででおおよそ説明できました。次回からは、もう一つの重要なテーマ、基本的な感情と複雑な感情の違いを取り上げたいと思います。

第5講　感情と価値／基本的な感情

今回から、感情研究のもう一つの重要なテーマ、基本的な感情と複雑な感情の違いの話に入っていきます。

ですが、その前に整理しておきたい点があります。前回まで、感情は価値に対する反応だと述べてきました。なので、基本的な感情も複雑な感情も価値への反応だということになります。ですが、価値にもいろいろな複雑さがあります。今回はまず、価値の複雑さも含めて、感情と価値の関係を整理したいと思います。

最初に、感情が反応している価値は客観的なものであることを説明します（第1節）。次に、客観的な価値を捉えられるかどうかに応じて、感情は正しかったり誤っていたりするという点を説明します（第2節）。その後、基本的な感情がどういうものか説明します（第3節）。最後に、すべての感情がもつとされる特徴、感情価について説明します（第4節）。

1　価値の客観性

「価値は人それぞれ」「価値観が合わない」という言葉はよく聞くでしょう。自分が良いと思っているものと他人が良いと思っているものが一致しないことはよくあります。そうした体験から、**価値は主観的なものだと思われるかもしれません。つまり、自分が好きなものが良い価値をもつもので、嫌いなものが悪い価値をもつものだということです。**

そうした主観的な好みは確かにあり、それに応じて、他人とは共有できない感情というものもあるでしょう。ですがここでは、感情は客観的な価値に反応しているという点を説明したいと思います。

価値の相対性

たとえば、幅が五〇センチくらいの溝を飛び越える場面を考えてみましょう。身体が丈夫な大人はなんなくジャンプできるでしょう。ですが、小さい子供は飛び越えるのを怖がります。こうした例をみると、問題となっている物事は同じでも、人によって怖がるかどうか違うのだから、感情は人それぞれだと思いたくなるかもしれません。

ですが、話はそう単純ではありません。まず、恐怖は危険を捉える感情であったことを思い出してください。そうすると、このとき、子供は危険さを認識していますが、大人はそうではないということになります。そして、その溝は実際に、子供にとって危険なものですが、大人にとっては危険ではありません。**危険であるかどうかは、身体的条件によって変わってくるからです。**

では、危険さは主観的なものでしょうか。そんなことはありません。小さい子供が幅五〇センチの溝を飛び越えるのが危険ということは、客観的事実です。子供が「大丈夫！　危なくない」といくら思っても、依然として危険です。その子供が溝を無事に飛び越えられたとしても、それは**危険を乗り越えたのであって、危険がなかったわけではありません。**

同じようにして、ヘビの危険さについて考えてみましょう。「ヘビは怖くない！」といくら思っても、ヘビが危険な動物であることは変わりません。ヘビが危険でなくなるとしたら、ヘビ捕獲の技術と経験があり、それにふさわしい装備をもっている場合でしょう。ですが、こうした条件が満たされていない場合にヘビが危険であることは客観的な事実です。

以上の点を踏まえると、確かに、**価値とそれを捉える感情には相対性があると言えます。**一定の条件を満たせるかどうかで危険であるかどうかが変わり、そのため恐怖をもたらすかどうかが変わってくるのです。ですが、**こうした相対性は、価値が主観的であるとか、価値は自分の好みだということを意味しません。**この人にとっては危険だけれども別の人にとっては危険ではないということは、物理的・身体的条件という**客観的な条件**によって決まっているからです。

文化的な価値

さらに、文化的な価値にも客観性があります。確かに、文化が違えば大事にしている価値が変わってくるので、それに応じて感情も文化ごとに違っているという相対性があります。ですが、**文化相対性は主観性を意味してはいません**。

たとえば、上座や下座といった日本の文化を考えてみましょう。一番偉い人はここに座って、次に偉い人はここで、一番下っ端はここだ、というようなルールがあります。もしそれを知らずに、一番下っ端が一番偉い人が座るべき席に座ったら、ものすごく怒られてしまうでしょう。席を間違えた人はルールを破っており、そのため、侵害に対する感情である怒りを買うことになるのです。

これに対し、日本のなかでも、席順なんか本当にどうでもいいので、そんなルールは不可解だと思う人もいるでしょう。そうした人からすると、座る場所と偉さは無関係なので、上座下座のしきたりは理解できないのです。こうした人は、席順のルールを守る人たちとは異なる価値観の共同体に属していることになります。大事にするものが違うグループに属しているのです。

このように価値観で共同体が分かれるとしても、価値が主観的なものだとか「気持ち次第」だということにはなりません。というのも、「席順はどうでもいい」と思っている人が適当に座ることは、席順を大事にする共同体の人にとっては、つまり、**その共同体の内部では**、依然として侵害行為だからです。席順を無視した人がいくら「席順はどうでもいい」と思っていても、席順を大事にしている人たちが席順を大事にしなくなるわけではありません。そうした行動をしていくうちに他の人が影響され、席順を気にしない人が増えていくことはあるかもしれませんが、**一度定着した価値は、個人の気持ち次第ですぐさま変更できるものではありません。その意味で、共同体ごとに価値が相対的だとしても、共同体内では客観的とみなされる価値があるのです。**

客観性の度合い

前に出した溝やヘビの例では、危険かどうかが身体的条件で決まっていました。これに対し席順の例では、偉さを表す社会的なルール、社会的条件で侵害かどうかが決まっています。そして、**身体的条件と比べると、社会的条件は偶然的なものです。**「人間ならだいたいこれくらいの運動能力をもつ」ということは生物学的に決まっていて変更できませんが、「偉さを表す方法」というのは生物学的に決められているわけではありません。なので、偉さは席順以外の方法でも表せたでしょう。その意味で、身体的条件と比べると社会的条件は客観的でないと思えるかもしれません。

ですが、**だからといって社会的条件が主観的であることにはなりません。**確かに、偉さを席順に反映させるというのは、最初は誰かの個人的な思いつきとして始まったものでしょう。ですが、一度そのルールが広まってしまうと、簡単に変更することはできなくなってしまいます。そのため**社会的条件も、個人ではどうにもならないという意味で、主観的ではないのです。**

これまでの話からわかるのは、**客観性には度合いがあるということです。**社会的条件よりも身体的条件の方がより客観的でしょうが、社会的条件も個人的な趣味嗜好と比べると客観的なものだと言えます。**いつの時代の誰でも認めなければならない絶対的な価値がないとしても、すべての価値が主観的なものだということにはなりません。それぞれの文化や社会内部で客観的だとみなされ、共有されている価値があるのです。**

そして感情は、個人的な趣味嗜好に基づいた価値を捉える場合もありますが、より客観的な、社会的条件や物理的条件に基づいた価値を捉えることもあるのです。

2　正しい感情と誤った感情

正誤の基準

ここまで、感情が捉えている価値には客観性があるという話をしてきました。それを踏まえると、**感情には客観的に正しいものと誤ったものがある**という主張が導かれます。

この点を理解するためには、一度、知覚について考えるのがいいでしょう。たとえば、目の前に丸い机があるように見えたとしましょう。ですが、その机の実際の形は丸ではなく八角形でした。このときの知覚は、机の形について間違えています。間違えた原因は、自分の視力が低いのでぼやけていた、机が離れたところにあった、照明が暗かった、など、何かしらあるでしょう。原因はなんであれ、そのときの知覚は机の形に関して誤ったものとなっています。机の形が八角形であることは客観的な事実であり、知覚はその事実と比べて、正しいか誤っているか判定されるものです。

感情も同じように理解することができます。小さい子供が幅五〇センチの溝を飛び越えようとするとき、身体的条件からするとそれが危険であることは客観的な事実です。この事実と照らし合わせると、**このときその子供は、危険を捉える感情である恐怖を抱くのが正しいということになるでしょう。**ひょっとすると、危険を乗り越えられるかもしれないチャンスにワクワクするのも正しい感情と言えるかもしれません。ですが、**このときに怒りを抱くのは誤っているでしょう。**というのも、怒りは自分に対する侵害を捉える感情ですが、溝がその子供に何か侵害を与えているわけではないからです。その感情は、机の八角形を丸形と間違えた知覚と同じく、危険を侵害と間違えた点で、間違ったものです。

もちろん、この場面で怒りを抱く可能性がないわけではありません。たとえば、以前から「こんな溝なんて簡単に飛べるよ」と友達に言っていて、引っ込みがつかなくなって飛ぶ羽目になったとき、「なんであんなこと言ったんだ」と**過去の自分に**怒ったり、「本当にやらせるなよ」と**友達に**怒ったりすることがあるかもしれません。ですが、その場合、**溝に対して**怒っているのではなく、過去の自分や友達に対して怒っています。過去の自分や友達は、現在の自分に不都合な状況を作り出しているので、そこに怒るのは間違ってはいません。ですが、何もしていない溝に怒るのは間違っているでしょう。

感情と知識

またここで、知識によって感情が変わってくるという点も整理しておきましょう。

第2講の第3節では、目の前のカエルがヤドクガエルと知っているかどうかに応じて、恐怖を感じるかどうかが変わってくるという例を出していました。それがヤドクガエルだとわかる人は、このとき恐怖を感じ、わからない人は恐怖を感じないでしょう。

これまでの話からすると、この場面では恐怖を感じるのが正しいということになります。というのも、ヤドクガエルが人間にとって非常に危険であることは客観的な事実であるので、それが目の前にいるときは、実際に危険が迫っているからです。ここからわかるのは、**知識があることで正しい感情をもつことができ、知識がなければ誤った感情を抱いてしまう場合がある**ということです。

知識がなければ間違えるという点は、知覚もそうでしょう。レントゲン写真を見たとき、知識がある医者であれば病気を見つけ出すことができます。病気があることは客観的事実なので、それを見つけ出せる知覚が正しく、見つけられなければ間違っています。同じように、ヒヨコのオスとメスの違いは素人にはわかりませんが、専門職の人は区別できます。知識があれば、目の前にいるヒヨコがオスかメスか正しく知覚でき、知識がなければ見間違えてしまうでしょう。

知識を獲得することで価値がわかるという点は、文化的な価値にもあてはまります。席順を大事にしている共同体のルールを知れば、その共同体内部で客観的な価値がわかるようになります。そうすると、上座下座を無視して座る行為は、その共同体内部では侵害にあたるとわかるようになり、怒りを感じることができるようになるでしょう。その怒りは、その共同体内部では正しいものです。その共同体に**参加しながら**、上座下座を無視した着席に何も感じないことは、その共同体内部では間違った感情とみなされるでしょう。

基本的な感情と複雑な感情

ここまで説明してきたのは、感情は客観的な価値に対する反応であるということ、そして、いくつかの客観的な価値は知識がないとわからないということでした。

ですが、そうした知識がなくとも抱けるような感情も、もちろんあるでしょう。**知識がなくても人**

間がみな抱けるような基本となる感情があり、そこに知識が影響して、感情が複雑になると考えられるのです。たとえば、人間なら元から**何かについて**怒りを感じることが可能なのですが、そこに上座や下座に関する知識が影響し、席順という**特定の物事について**怒るようになるということです。また、そうした知識は、ある程度成長し、複雑な物事を考えられるようになって初めて獲得できるものでしょう。生まれたばかりの赤ちゃんが上座下座を理解しているわけがありません。

というわけで、今回の残りと次回は、人間なら共通に抱くことができる基本感情と、思考や文化に影響された複雑な感情を取り上げたいと思います。

3 基本感情

基本感情とは、生まれ育った文化や地域が違っても、人間なら共通にもつことができるとされる感情です。「生得的な感情」と言われることもあります。

「生得的」の意味

ここで、「生得的」が何なのかを説明しておきましょう。

「生得的」は、「生まれつき備わっているもの」と言い換えられることもあるのですが、正確には、「学習されていないもの」と言った方がいいでしょう。というのも、生まれた時点では備わっていない生得的特徴もあるからです。

たとえば、「歯がある」という特徴を考えてみましょう。歯は、何かを学ぶことによって生えるようになる（その何かを学ばなかったら生えてこない）ものではありません。ですが、生まれた時点で人間は歯をもっていません。歯をもつという特徴は、ある程度成長すると現れるようになるものです。

こうした特徴は、**遺伝子にプログラムされている**と言うこともできるでしょう。人間は（何らかの障害がない限り）ある程度成長したときに歯が生えてくるようになっています。それは、人間の生物学的特徴であると言えるでしょう。

生得的な感情

以上を踏まえて、生得的な感情に戻りましょう。**生得的な基本感情は、学習されたものではなく、人間に生物学的特徴として備わっている感情です**。ただし、すべての生得的な感情が生まれた時点でもてるとは限りません。歯が生えてくるという特徴のように、ある程度成長してから現れるような生得的な基本感情もあるでしょう。

では、具体的にどの感情が生得的で基本的なのでしょうか。私たちは普段さまざまな感情をもちますが、そのうちのどれが生得的な基本感情なのでしょうか。また、どういう調査方法を用いれば基本感情を特定できるのでしょうか。

ここで、エクマンとフリーセンの有名な調査研究をみてみたいと思います。彼らは、一九七〇年代に、ニューギニアの高地に住む文字をもたない部族のもとを訪れました。フォア族というその部族は、

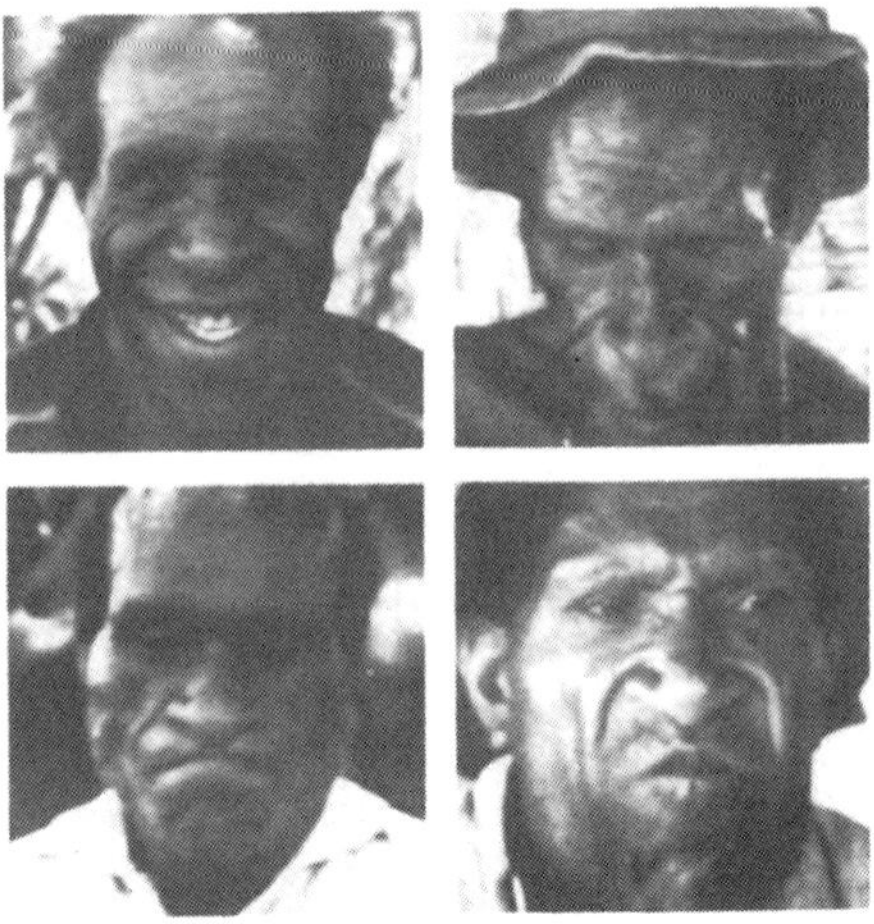

エクマンたちの調査が入る十数年前まで西洋との交流がまったくありませんでした。

その地域でエクマンたちは、**表情と感情の対応**を調査しました。それは、特定の感情を抱きそうな場面の話をして、そのときどういう表情をするか顔を作ってもらう、というものです。たとえば、「昔からの友人に久々に会ったらどんな顔をしますか？」といったものです。昔からの友人に会う場面では、喜びを感じるでしょう。そのとき、どんな表情をするでしょうか。フォア族の人々は、私たちも認識できるような表情を作りました。上の図を見てください。

エクマンほか［1987］p. 37

右上は、自分の子供が死んだときに作りそうな顔です。左上は、友達と会ったときの表情です。左下は戦っているとき、つまり、怒る状況で作る表情です。右下は、「長いことそこに横たわったままの死んだ豚を見ている」、つまり、腐ったものに嫌悪を感じたときにする表情です。

この図を見ると、私たちとの共通点がみてとれるでしょう。「友人と久々に会った」という喜びが生まれそうな状況で私たちが作りそうな表情を、フォア族の人たちも作っています。悲しみや怒り、嫌悪についても同じように理解できます。

ここで重要になってくるのは、**フォア族の人々はこの表情を他の地域の人々から学んだわけではない**ということです。先ほども書きましたが、フォア族の人々はエクマンたちの調査が入る十数年前まで、西洋世界と隔絶されていました。そのため、喜びを抱きそうな状況でフォア族の人々が作った表情は、西洋文化を真似て作っているものではないでしょう。むしろ、住んでいる地域や文化圏が違っても、友人と久々に再会する状況では、人は喜びを抱き、そのときに笑顔を作ると考えられます。つまり、**喜びとそれに対応する笑顔は、すべての人間に共通のものだと考えられるのです。**

エクマンたちは他の地域でも同じような調査を行ないました。その結果、どの地域・文化の人でも作り、認識できる表情が六つあると結論しました。それは、**怒り、恐怖、驚き、喜び、嫌悪、悲しみ**です。これら六つは、人類に共通する感情として、感情研究の教科書によく登場します。

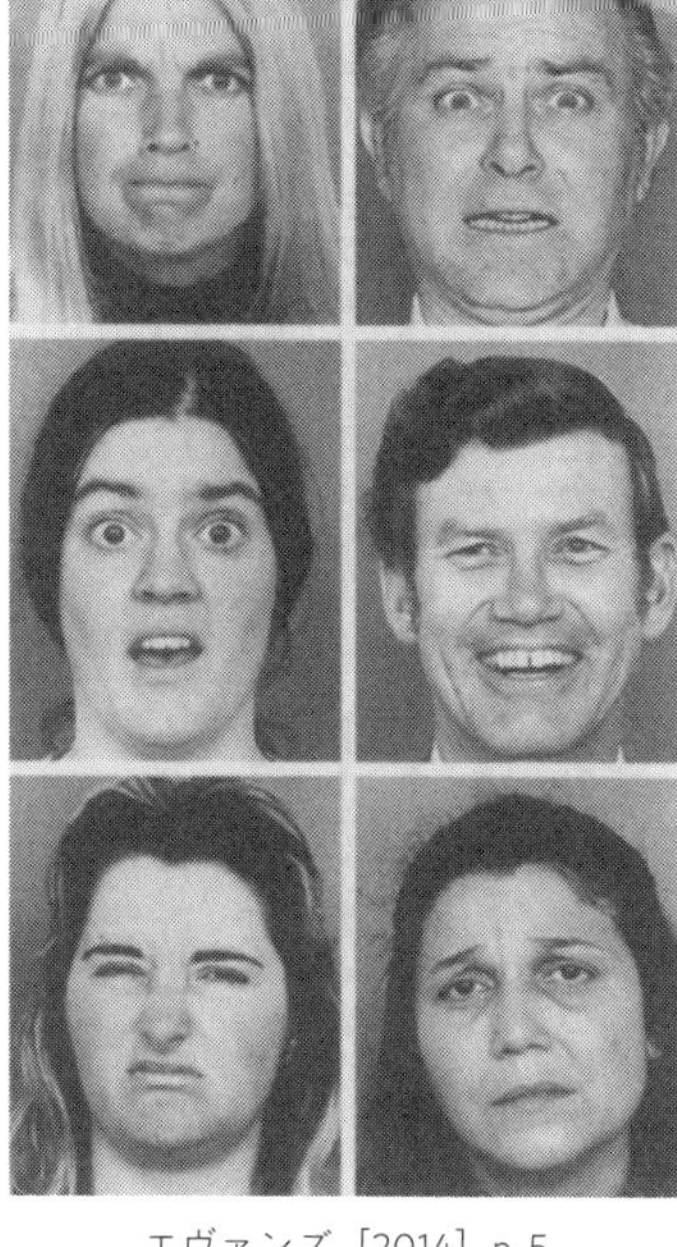

エヴァンズ［2014］p. 5

基本感情はいくつ？

エクマンの六つの基本感情（上図）は教科書的なものですが、実のところ、何が基本感情か、基本感情がいくつあるのかに関して、研究者の意見はわかれています。別の調査研究から、基本感情は六つ以上あると主張する人もいれば、基本感情はもっと少ないと主張する人もいます。エクマン自身も後で考えを改め、基本感情の数を一〇以上に増やしています。

このように、どれが基本感情なのか、基本感情はいくつあるのかについて論争の余地があるとしても、人間に基本的な感情が何かしらあるという見解そのものは、説得的であるように思われます。文化や共同体が違えば同じ場面で違った感情をもつことがありえますが、**そうした違いができるためには、何かしら元になる基本的な感情があるはずです。**人間に共通の基本的な感情があり、そこにそれぞれの文化で違った影響が与えられることで、文化ごとに違った感情が生まれると考えられるのです。

文化による感情の違いは、次回より詳しく取り上げます。今回の残りは、どの感情にもみられる特徴、正（ポジティヴさ）／負（ネガティヴさ）について解説します。

4　感情価

正の感情と負の感情

感情には正の感情と負の感情があります。感情がもつポジティヴ／ネガティヴという特徴は、「感情価」もしくは、「快・不快度」と呼ばれます。正の感情には、喜び、誇り、楽しさ、といったものがあるでしょう。負の感情には、怒り、悲しみ、恐怖などがあります。

多くの感情は、ポジティヴかネガティヴかどちらかに決まっているようにみえます。喜びは普通ポジティヴな感情であるだけでなく、必ずポジティヴなものと考えたくなります。ネガティヴな喜びなんてどういうものを考えていいかよくわかりません。ポジティヴな恐怖や怒りというのも、何だか想像しにくいように思えます。

ですが、**驚き**には、ポジティヴなものとネガティヴなものの両方があります。たとえば、自分の好きな有名人を街中で偶然見かけたら驚くでしょうが、そのときの驚きはポジティヴなものです。それに対し、急にバイトをクビにすると言われたときの驚きはネガティヴなものでしょう。驚きは予想が裏切られたことに対する反応ですが、良い方に裏切られているのか悪い方に裏切られているのかに応じて、ポジティヴだったりネガティヴだったりします。

感情価と行動指令

では、感情がもつポジティヴさとネガティヴさとは何でしょうか。それについての一つの説明は、**二つの違いは行動指令の違いとして理解できる**というものです（プリンツ［2016］第7章）。

たとえば、自分の好きな食べ物を食べて喜ぶ場面を考えてみましょう。その喜びはポジティヴなものであり、そのポジティヴさは、喜び自体を増やしたり、なるべく持続させたりする行動を促します。それに応えるにはどうすればいいでしょうか。喜びの原因となったものとの関わりを増やせばいいのです。つまり、好物をさらに食べればいいのです。

他方で、ヘビを見て恐怖を感じた場合を考えてみましょう。その恐怖のネガティヴさは、恐怖自体を減らしたり弱めたりする行動を促します。そのためには、恐怖を生み出した原因との関わりを減らせばいいでしょう。つまり、ヘビから逃げるか、ヘビをやっつけるかです。

まとめると次のようになります。**感情がもつポジティヴさは、その感情を引き起こした原因との関わりを増やす行動を促します。これに対し、感情がもつネガティヴさは、その感情を引き起こした原因との関わりを減らす行動を促すのです。**

ここで、「促す」という言葉を使った点に注意してください。**促された行動が必ず実現されるとは限りません。**たとえば、好きな食べ物を食べて喜びを感じ、もっと食べたいと思っても「これ以上食べたら健康に悪いな」と思って食べないこともあります。ですが、「これ以上は健康に悪い」という懸念がなければ、食べ続けたでしょう。こうした意味で、ポジティヴやネガティヴといった感情価は、行動を「必ずとらせる」のではなく、「促している」のです。

ここで、ホラー映画などの例が疑問に思われるかもしれません。ホラー映画を観て感じる恐怖はネガティヴな感情ですが、わざわざホラーを観に行くからには何かしらポジティヴさがあると考えられます。さらには、ホラー映画を観ているときの恐怖はポジティヴな感情であると主張する人もいます。この点については第12講や第13講で取り上げたいと思います。

今回は、前半で感情と価値の関係を説明し、後半では基本的な感情を説明しました。次回は、複雑な思考や文化に基づいた複雑な感情について説明したいと思います。

第6講 複雑な感情／感情と文化

前回は、人間に共通の基本感情について説明しました。そうした感情は、赤ちゃんでも、ひょっとしたら人間以外の動物でも抱けるものかもしれません。ですが、人間は成長するにしたがって基本情動以外の複雑な感情ももつようになります。今回は、基本感情を材料として出来上がる複雑な感情について説明したいと思います。

感情が複雑になるパターンはいくつかあります。その例として、感情の混合（第1節）、思考の影響（第2節）、文化の影響（第3節）を取り上げます。

1 感情の混合

感情が複雑になるパターンの一つは混合です。赤と青が混ざって紫になるように、異なる基本感情

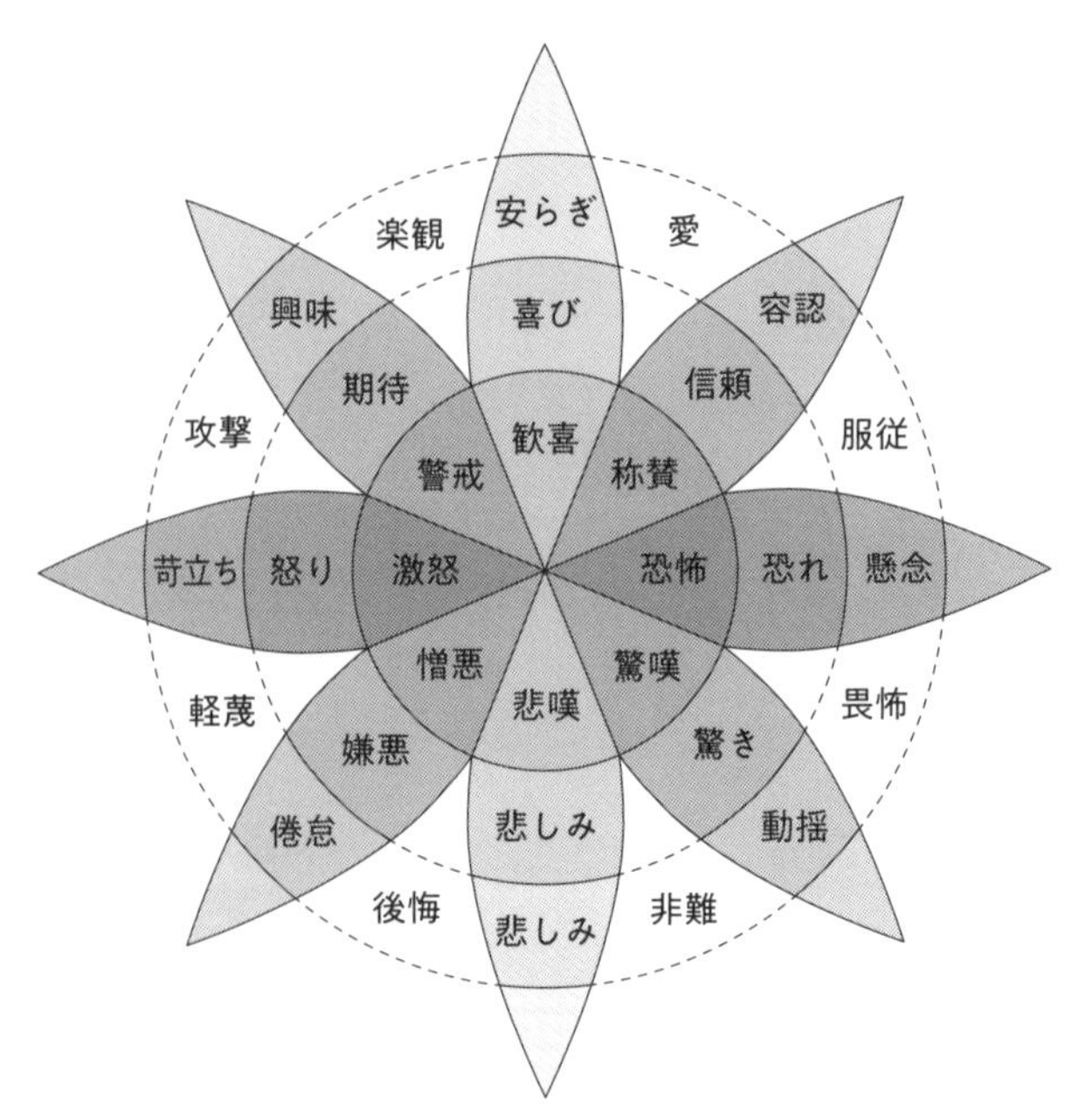

Plutchik［2001］p. 349

が混ざることで新しい感情ができるということです。心理学者のロバート・プルチックは次のモデルを提案しています。

上の図では、色の混色を示したカラーサークル（色相環）と同じように、さまざまな感情が円形に配置されています。この図では、喜び、信頼、恐れ、驚き、悲しみ、嫌悪、怒り、期待の八つの基本感情が設定されています。また、基本感情の強いバージョンが内側に、弱いものが外側に配置されています。たとえば、強い喜びが歓喜で、弱い喜びが安らぎということです。そして、隣り合う基本感情が混ざり合ったものがその間に配置されています。たとえば、怒りと嫌悪が合わさったものが軽蔑、恐れと驚きが合わさったものが畏怖ということです。

この図は、感情の混合を示す**一つの**モデルではありますが、これが**唯一の**モデルではないでしょう。というのも、少なくとも次の二点が気にかかるからです。

一点目は、**基本感情の種類と数**です。前回紹介したエクマンは、喜び、恐怖、驚き、悲しみ、嫌悪、怒り、の六つを基本感情とみなしていました。これに対し上記の図では、基本感情は八つとされています。前回説明したように、複雑な感情の材料となる基本感情は具体的にどれなのか、そして、いくつあるのか、という点は研究者によって意見が異なっています。

もう一つは、**隣り合っていない感情も混合される可能性がある**という点です。この図では、正反対に配置された感情（たとえば、喜びと悲しみ）が混ざったときにどういう感情ができるのかが示されていません。その混合は不可能なのでしょうか。

色の場合、カラーサークルで正反対に配置された色（たとえば、赤と緑）の混色は、人間の眼の構造上、見ることができません。赤と青が混ざった紫、赤と黄が混ざった橙（だいだい）はありますが、赤と緑は、どちらか片方が見えるときにもう片方は見えなくなる関係にあります。ちなみに、こうした関係は「反対色」や「補色」と呼ばれています。

これに対し感情の場合には、この図で正反対に配置された感情が混ざったものがあるかもしれません。たとえば、悲劇を鑑賞する場合、悲惨な目に遭う登場人物に共感する悲しみと、物語を知る喜びが合わさった、ポジティヴでもネガティヴでもある悲喜交々（ひきこもごも）な感情が経験されていると主張する人もいます（それについては、矛盾した感情を取り上げる第12講で詳しく説明します）。

とはいえ以上の問題は、**混合感情という考えそのものを否定するものではありません。**確かに、基本感情の種類と数、どれとどれが混ざるのかに関しては議論の余地があります。ですが、基本感情がいくつかあり、それらが混ざることで基本的でない複雑な感情が生まれるという点については、おおむね納得できるのではないでしょうか。

2 高度な思考に基づく感情

次に、思考が高度になることによって感情が複雑になる例を紹介しましょう。

これまでの講義で、感情には価値を捉える思考的側面があると述べてきました。一般に、思考は成長するにしたがって複雑になっていきますが、そうすると、感情に含まれた思考的側面も成長するにつれて複雑になりそうだと考えられるでしょう。それにより、以前は捉えられなかった価値が捉えられるように思えます。いくつか考えてみましょう。

誇り

誇りは、自分が成功したときに抱く感情です。何か成功したときには喜びが生まれるでしょうが、喜びと誇りには異なる点があります。というのも、誇りには、成功によって自尊心が保たれたり、他人から称賛されたりするという要素があるからです。**誇りは、単なる成功の喜びではなく、成功によ**

って自分の評価が高まることの喜びなのです。そのため、誇りを抱くためには、他人からの評価を気にかけるくらいの社会性が必要とされるでしょう（ラザルス［2004］p. 309-310）。

さらに、誇りは、自分自身が成功していなくても、**自分が属しているグループ**が成功したときにも抱かれます。子供の成績がよくて誇らしい、親が会社で偉い地位にいるのが誇らしい、といったことです。こうした誇りを抱く場合、自分自身が成功しているわけではありません。ですが、自分と同じグループのメンバーの成功によってグループの評価が高まり、そこから間接的に自分の評価も高まると考えられているでしょう。

また、日本人がオリンピックで金メダルをとったときに「同じ日本人として誇らしい」と言う人もいるでしょう。自分が世界一になったわけでもないのに誇りを抱くのは、金メダルをとった人と自分が同じグループに属していると思っているからです。こうした誇りを抱くためには、日本とは何か、日本と他の国がどう違うのか、といったことを理解している必要があります。

ここまで複雑な思考だと、犬には不可能に思えます。犬の運動能力や賢さを競う世界大会で日本の犬が優勝したとき、日本で飼われている別の犬が、同じ日本の犬として誇らしさを感じることは無理でしょう。

希望

希望は、これまでの苦しい状況から抜け出せる見通しがたったときに抱く感情です。**希望は単なる喜びではなく、状況が改善されそうなことに対する喜びなのです。**

そのため、希望を抱くには、過去の出来事を記憶し、これから起きそうな出来事を予測し、両者を比較できなければならないでしょう。過去や未来の出来事を踏まえた行動をとっているとは思えない（「現在に縛られている」とよく言われる）動物や赤ちゃんが、希望を感じることはなさそうです。

複雑な感情と表情

ちなみに、複雑な感情は、表情だけでは判別できないという特徴があります。前回取り上げた基本感情には、それぞれ対応する表情があり、表情を見ればおおよそどの感情を抱いているかわかりました。ですが、複雑な感情はそうではありません。

たとえば、笑顔を作っている人を見ると、喜んでいるということはわかります。ですが、**どう喜んでいるのかは表情だけではわかりません**。自分の評価が上がりそうなことを喜ぶ誇りを抱いているのか、状況が改善されそうなことを喜ぶ希望を抱いているのか、笑顔だけでは判定できないのです。その人がどちらの感情を抱いているのかは、笑顔を見るだけではなく、その人がどういう状況に置かれているか（評価が高まりそうなのか、苦しい状況から抜け出せそうなのか）を考慮しなければならないでしょう。

同じことは負の感情にもあてはまります。単に怒っているのか、嫉妬しているのか、単に悲しんでいるのか、罪悪感を感じているのかは、表情だけではわからないでしょう。

罪悪感

罪悪感、うしろめたさは、どういうときに感じられるでしょうか。友達に思ってもいない悪口を言ってしまった、道に落ちているお金を交番に届けず自分の財布に入れてしまった、「誰にも言わないでね」と言われた秘密の話を他に漏らしてしまった、といった状況です。

ここに共通するのは、やってはいけないことを自分がした、ということでしょう。そうすると、罪悪感は、道徳違反に対する反応だと考えられるでしょう。**罪悪感は、自分が道徳違反を犯したことに対する悲しみなのです。**

道徳違反に気づくためには、道徳をいくらか理解していなければなりません。やってはいけないことが何かわかっていなければ、やってはいけないことをしてしまったと自覚することはないでしょう。そうすると、罪悪感を感じるためには、いくらか道徳を理解している必要があることになります。道徳を何も理解していなければ、罪悪感を抱くことは不可能なのです。

たとえば、赤ちゃんがペットボトルをひっくり返して床をびしゃびしゃにしたとき、その赤ちゃんは罪悪感を感じないでしょう。床をびしゃびしゃにしてはいけないということがわかっていないからです。ですが、そのとき親から怒られるなどの経験を繰り返すうち、やってはいけないことが何かを理解します。それを理解した後で初めて、罪悪感を抱くことが可能になるのです。

ひょっとすると、人間と一緒に暮らしている動物のうちのいくつかも、単純な道徳なら理解しているかもしれません。しつけがなされた犬などは、罪悪感を感じるからこそ、自分がやってしまった悪いことを隠すようなそぶりを見せるのではないでしょうか（罪悪感についてさらに詳しく知りたい人は、エルスター［2008］を参照してください）。

嫉妬

嫉妬を抱く状況を考えてみましょう。自分が好きだった人が別の人と付き合うことになったと知った、欲しかった賞を他人にとられてしまった、同僚が上司から褒められている、といった場面で人は嫉妬を感じます。こうした状況に共通する第一の特徴は、**他人が成功して自分より良い状況にいる**、ということでしょう。

ですが、それだけでは嫉妬になりません。成功して喜んでいる人が自分が好きな人なら、そのときには自分も喜びを感じるでしょう。自分が好きな人の機嫌が良いことは、自分にとっても良いことです。（逆に、自分の好きな人が悲しんでいたり怒っていたりすることは、自分にとっても良くないことなので、自分にも悲しみや怒りが生まれるでしょう。）さらに、成功した人と自分が同じグループに属していると思っていたら、誇りを感じるでしょう。

また、成功している他人を見ても、喜びも誇りも嫉妬も感じない場合もあります。たとえば、ビル・ゲイツは世界一の資産家で、資産に関しては誰よりも良い状況にいます。ですが、私たちの多くは彼に対して嫉妬を感じないでしょう。羨ましいなあという羨望の感情はもつかもしれませんが、嫉妬のように激しい負の感情をもつことは難しいように思われます。

なぜでしょうか。嫉妬を抱くためには、自分が他人より劣っているだけでなく、成功者が得た利益は**自分も得られたはずだと考えている**必要があるからです。ビル・ゲイツに嫉妬するためには、彼のビジネスの競争相手だったり、彼より少し劣る資産家であったりして、ビル・ゲイツと同等の地位や名誉を得られそうな状況にいなければならないでしょう。（そんなに資産もないのにビル・ゲイツに嫉妬する人もいるかもしれませんが、そうした人は合理的とは言いがたいです。）

また、嫉妬は恋愛の場面でよくみられます。自分の好きな人が自分以外の人と話していて嫉妬を感じるのは、**自分に向けられたはずの好意や労力が別の人に向けられている**からでしょう。やはり重要なのは、その好意は**自分が得られたはずだという考え**です。よく知らないハリウッド・セレブ同士が交際していたとしても、自分には何の関係もないので、何の嫉妬も抱かないでしょう。他方で、自分の好きなアイドルに恋人がいたと発覚した場合、ファンである自分たちに向けられていたはずの好意が特定の人に集中すると思われ、それが嫉妬につながるでしょう。

まとめると、嫉妬を抱くためには、①自分より他人が良い状況にあると理解し、②他人がそこで得ている利益は自分が得られるはずだったと考えている必要があります。嫉妬は、こうした思考が怒り、憎しみ、悲しみと結びついた複雑な感情だと言えるでしょう。

こうした点を踏まえると、嫉妬を取り払う方法もみえてきます。**他人が受けている利益は自分が得られるはずのものではないと自覚すればいい**のです。

また嫉妬と似たものとして劣等感があります。劣等感も自分が他人より劣っている場合に抱かれる感情ですが、**劣等感は嫉妬とは異なり、他人ではなく自分に向けられています**。嫉妬は他人の成功を憎んでいますが、劣等感は自分の不足や欠点が許せないのです。

嫉妬の役割

ここで、嫉妬の役割について考えてみたいと思います。嫉妬は負の感情で、できれば避けたいものですが、**そんなものを感じる仕組みを私たちがもっている理由は何でしょうか**。

それを理解するには、嫉妬に怒りや憎しみが含まれているという点に注目するのがいいでしょう。怒りや憎しみは他者への攻撃を促します。そうすると**嫉妬には、自分が得られるはずだった利益を守る行動を促す役割がある**と考えられるでしょう。

この役割と関連して、進化心理学では嫉妬に男女差があるという研究があります。生物にとって自分の遺伝子を残すことは利益ですが、男性と女性では、自分が育てている子供が本当に自分の遺伝子を受け継いだ子供であるかどうかに関して違いがあります。母親にとって自分が産んだ子供が自分の遺伝子を受け継いでいることは確実です。他方で父親は、(パートナーが不貞を働いたため) 他人の子供を自分の子供として育てている可能性があります。

こうした確実性の違いから、嫉妬にも違いが出てくると言われます。男性は、パートナーの女性が他の男性と性的な関係をもつ可能性に嫉妬を感じやすい一方で、女性は、パートナーの男性が他の女性と性的関係をもつことよりも、他の女性に経済や労力を投資する可能性に嫉妬を感じやすいと言われています。男性にとっては自分以外の遺伝子をもつ子供を育てる可能性が脅威となりますが、女性にとっては他の人に投資が集中し、自分への投資が打ち切られることが脅威となるのです (北村・大坪 [2012] p. 126–127; 大平 [2010] p. 83–86)。

ただし、**こうした違いが生物学的な特徴としての性差に由来するのか、社会的・文化的に構築され**

た**ジェンダーの違いに由来するのかに関しては議論の余地があります**。この説明は、男性が稼いできて女性が子育てをする文化にはよく当てはまりますが、そうでない文化にはうまく当てはまらないでしょう。実際、性的な不貞に嫉妬を感じない文化圏もあると主張する研究もあります（プリンツ［2016］p. 206–212）。

基本感情も複雑になる

ここまで紹介してきたのは、基本感情が複雑になって、新しい名前の感情になる例でした。たとえば、「喜び」に何かが加わって「誇り」になる、といったことです。ですが、「恐怖」が「恐怖」のまま複雑になることもあります。

恐怖は危険に対処するための感情でした。単純な思考能力しかもたない生物は、目の前に出てきたヘビなど、差し迫った物理的危険しか認識できず、目の前のものしか怖がることができないでしょう。しかし、思考能力が高くなると、来年起こりそうな金融危機など、**目の前にない物理的でない危険**を認識できるようになり、それについて恐怖を抱くことができるようになります。

別の例も考えてみましょう。たとえば、自分が信頼している占い師が「来年の七月八日に大地震が起こる」と言ったとします。それを信じているのであれば、来年七月八日の大地震を恐れるでしょう。ですが、それを恐れるためには、「来年」や「七月八日」が何を意味しているのかを理解していなければなりません。そして、「来年」を理解するためには、「今年」や「去年」といった概念も一緒に理解しなければなりません。今年や去年が何なのか理解せずに来年だけを理解することは不可能でしょう。同じく、「七月八日」を理解するためには、一年が一二ヶ月に分けられ、一ヶ月が二八から三一日に分けられると理解している必要があります。単なる地震や「来年の地震」や「来年の七月九日の大地震」ではなく、「来年の七月八日の大地震」を恐れる（そして、無事に九日を迎えたときに安堵する）ためには、ここまで複雑なことを理解している必要があるのです。

赤ちゃんや犬には、ここまで複雑なことは理解できないでしょう。恐怖などの基本感情は赤ちゃんや動物でも抱けるものかもしれませんが、**何に対して恐怖を抱けるのかは、どれくらいの思考が抱けるか、どれくらい複雑な物事が考えられるか、という思考能力が影響するのです。**

3　文化の影響

文化依存的な感情

思考は文化の影響を受けるものなので、感情の思考的側面も文化の影響を受けることになるでしょう。そのため、文化が違えば違った感情を抱くようになります。

この点は前回説明していました。共同体内部で通用する客観的な価値があると説明したときに、上座下座などのルールを破ると怒られる、という例を挙げていました。その怒りは、日本に独特のものでしょう。日本でも、一部の人しか感じないものかもしれません。

特定の文化に特有の感情、そして、文化的な感情障害（「文化依存症候群」）は、世界各地にあります。いくつか紹介してみましょう（以下の例は、プリンツ［2016］第6章で紹介されているものです）。

日本に独特な感情としては、**甘え**があります。甘えは他人に依存したい感情の一種です。他人に依存したい感情は日本以外の人ももつでしょうが、日本人は他の国より他人との関係を重視する**集団主義**の傾向があると言われています。そのため、個人主義の国の人よりも他人に依存した感情が重要なものとなっているでしょう。

また、人前に出ることをとても怖がる**対人恐怖症**も、日本に特有のものだと言われます。日本人の集団主義的な傾向は、他人から自分がどう見られるかを強く意識させ、それによって、他人からの評価を気にした恥や恐怖が強くなるのです。

また、ネイティヴ・アメリカンのある部族には、**ウェンディゴ**とよばれる感情障害があると言われます。ウェンディゴは精霊の名前なのですが、ウェンディゴという障害に陥る人は、その精霊に取り憑かれて自分が人食いの化け物になってしまうのではないかという強い恐怖を感じます。この恐怖は、ウェンディゴという精霊が存在しているという文化や宗教に根ざしています。他の地域の人々は、そうした精霊の存在を信じていないので、人食いの化け物になってしまうという恐怖を抱くことはないでしょう。

他にも、社会形態も感情に影響を与えます。道路上でのトラブルによって引き起こされる怒りは**ロード・レイジ**と呼ばれ、単なる怒りとは区別されます（「ロード」は「道」で、「レイジ」は「激怒」のことです）。「あの人はハンドルを握ると性格が変わる」という話は聞いたことがあるでしょうし、最近だと、あおり運転が深刻な問題になっています。この感情は、車が多くてトラブルが起きやすい社会のなかで車を運転する人がもつものです。車を運転しない人はこの感情をもつことはないですし、車に乗る人でも他の車が少なくてトラブルがあまりない状況では、この感情をもたないでしょう。

さらに、文化は感情の混合にも影響を与える可能性があります（プリンツ［2016］p. 252）。悲劇をよく鑑賞する人は悲しみと喜びの混合が起きやすくなる可能性があります。また、SNSが流行っている現代社会の私たちは、他人の投稿を叩く怒りと喜びの混合が促進され、昔の人にはなかったような混合感情をもっているかもしれません。

また、言葉も感情に影響すると考えられます。ドイツ語で**シャーデンフロイデ**と呼ばれる感情は、他人の失敗に対する喜びです。日本でも「他人の不幸は蜜の味」という言葉があるので、この感情は日本人も感じているでしょう。ですが、こうした言葉や慣用句がない文化では、その感情を感じる場面があっても、自分がそれを感じていることが明確に認識できないかもしれません。**言葉で名前がつけられることで、その感情が抱かれていることが明確になるのです**。

このように、それぞれの文化の違いに応じて、感情そのものや感情の認識、感情が関わる障害に違いが出てきます。もちろん、別の文化の人でも、他の文化の価値観を学べば、学んだ文化に特有の感情を抱いたり、文化的な感情障害に陥ったりするでしょう。

文化と表情

文化は、感情だけでなく、**感情を表に出す行動**にも影響を与えます（エヴァンズ［2005］p.12–14）。日本人と比べると、欧米人はかなり感情が豊かにみえるでしょう。ですが、欧米人と比べて日本人の感情が弱いわけではありません。**顔に出していない**だけです。この点に関しては、前回も出てきたエクマンたちの実験をみるのがいいでしょう。

その実験は、アメリカ人と日本人が、外科手術の様子を記録した映像を見るというものです。また その実験には、映像を一人で見る条件と同席者がいる前で見る条件がありました。すると、一人で見る条件では、アメリカ人も日本人も嫌悪の表情を示しましたが、同席者がいる場合、日本人はアメリカ人と比べて嫌悪の表情をあまり示さなかったそうです。

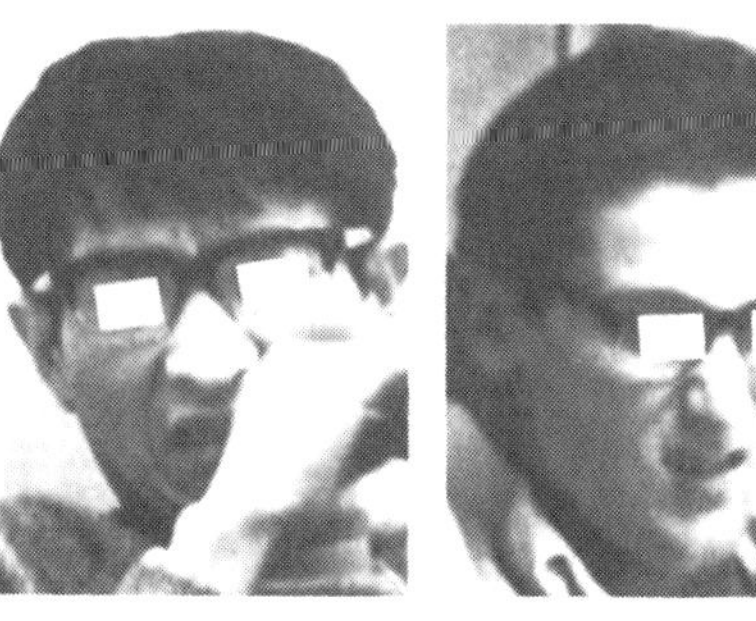

ストレスのかかる映像を見ている時の日本人（左）とアメリカ人（右）。
エクマンほか［1987］p. 34

この実験では、映像を見ている人の顔が録画されていたのですが、それをスローで再生すると興味深いことがわかりました。日本人の実験参加者も、同席者がいる場合にもアメリカ人と同じように嫌悪の表情を浮かべていたのですが、一秒としないうちにそれを隠したそうです。

ここからわかるのは、**感情を表に出す規則（表出規則）に文化の影響がある**ということです。欧米では、感情は積極的に表に出すことが推奨されていて、無表情は嘘つきのように思われてしまいがちです。これに対し、日本では、感情をやたらと表に出す人は下品な人とみなされるでしょう。そのため、感情をなるべく表に出さないことが推奨されているのです。

今回は以上です。前回と今回は、基本的な感情と複雑な感情について説明しました。この二つの関係がどうなっているかは、その前に取り上げた「感情の身体的側面と思考的側面の関係」と並んで、感情研究で重要な二大テーマとなっています。ここまででその二つを扱えたので、感情の哲学の基本的な内容は説明できたと思います。

次回からは、一歩進んだ話に取り組みたいと思います。まず取り上げるのは、無意識の感情です。

第7講　無意識の感情／ロボットの感情

感情の本質について考察を始めた第2講では、感情にとって感覚は不可欠ではない可能性があると述べました。というのも、感覚が伴っておらず、自分では気づけない無意識の感情があると考えられるからです。今回は、そうした無意識の感情がどんなものか説明したいと思います。

さらに今回は、ロボットが感情をもてるかどうかについても検討したいと思います。そして、無意識の感情と同等なものは、ロボットももてるのではないかと主張します。

まず、感覚や無意識とは何なのか説明します（第1節）。次に、これまでの講義を振り返り、感情が果たす役割を確認します（第2節）。そして、その役割は無意識でも果たせるため、無意識の感情があると考えられると述べます（第3節）。最後に、そうした無意識の感情はロボットでももてるのではないかという考えを述べます（第4節）。

1　感覚と無意識

感覚とは何か

第2講でも感覚について説明しましたが、ここでもう少し詳しく説明しておくことにしましょう。この本で「感覚」と呼んでいるのは、**感じられるもの、気づけるもの、意識に現れるもの**です「クオリア」と呼ばれることもあります。

この意味での感覚の例としては、色などがわかりやすいでしょう。たとえば、目の前にあるリンゴを見る場合、**ありありとした赤さ**が感じられます。それが「赤さの感覚」です。また、リンゴを視覚的に想像する（イメージする）場合にも、いくらか赤さが感じられるでしょう。ですが、その赤さは、目の前にあるリンゴを見ているときほど明瞭にはっきりとは感じられないでしょう。リンゴを実際に見る場合には明確で、想像する場合には不明瞭になっているもの、それが赤さの感覚です。

他のわかりやすい例としては、身体感覚があげられるでしょう。腕がかゆい感じ、飲み物を飲んだときに液体が食道を伝わっている感じ、直射日光に晒されて皮膚がひりひりする感じ、まぶしさで目がチカチカする感じ、といったものです。また、ピアノの音色を聴いているときの感じ、砂糖の甘さの感じ、焼けたトーストの香ばしい感じ、なども感覚です。

無意識の反応

感覚は、感じられるもの／気づけるもの／意識に現れるものですが、それが感じられるまでに、**自分では感じられない無意識の領域でさまざまなことが起こっています**。ここでも、色を例にして説明しましょう。

リンゴを見てその赤さを感じる場合、次のようなことが起こっています。まず、リンゴに反射された光が眼に入ります。すると、眼の網膜にある錐体(すいたい)細胞が反応します。人間には錐体細胞が三種類あり、それぞれ違う波長の光に反応します。そして、三種類の錐体細胞がどう反応したかという情報が脳の視覚野に送られ、その情報が処理された結果、赤さの感覚が感じられるようになります。

もちろん、眼に入ってくる光が変われば、色の感覚は違ったものになります。リンゴではなくピーマンが目の前にある場合、ピーマンからの反射光の成分はリンゴと違っていて、そのため三種類の錐体細胞の反応の仕方が変わり、視覚野に送られる情報も違ったものになり、違った色の感覚が感じられるでしょう。

私たちが色の感覚を感じる場合、眼や脳でこうしたことが起こっていますが、自分でそれに気づくことはできません。リンゴを見ているときとピーマンを見ているときでは錐体細胞や視覚野の反応がこう違う、と気づくことはできないでしょう。**気づけるのは、リンゴを見ているときとピーマンを見ているときでは違う感覚があるということです**。

そうすると、私たちが感じることができる**感覚は、感じられない無意識の領域で行なわれたさまざまな反応の結果**だと言えるでしょう。さらに、色覚の役割は無意識の領域ですでに果たされているとも考えられます。色覚の役割は色の違いを判別することですが、色の違いは眼に入ってくる反射光の違いに対応しています。そして、反射光の違いは、錐体細胞や視覚野で捉えられています。私たちが感じるさまざまな色の感覚は、無意識の領域で捉えられた、さまざまな波長の光に対応しているというわけです。

感情の感覚

もちろん、感覚は感情にも伴っています。そして、これまで述べてきたとおり、感情に伴う感覚は、身体反応が感じられたものです。「怒りで頭に血が上る」という表現が示しているように、怒りでかーっとする感覚は、血流が激しくなったことが感じられたものです。恐怖で背中がぞくぞくする感覚は肌や筋肉の反応を感じたものです。

とはいえ、**こうした身体反応は必ずしも感じられるとは限りません**。身体反応が起こっても、それに気づかない場合もあるでしょう。たとえば、とても揺れる吊り橋を渡っている場合を考えてみましょう。自分としては怖がらず渡れたと思うのですが、渡り終わった後に、身体中の筋肉に力が入らないとしましょう。自分では気づかなかったのですが、渡っているときに筋肉が緊張し、渡り終わったあとで緊張が解放され、疲労が溜まっているのです。吊り橋を渡っているときは筋肉の緊張という身体反応が生まれていたのですが、その感覚がないため、自分では筋肉が緊張していることに気づかなかったのです。

ここで考えてもらいたいことがあります。吊り橋を渡っているとき、**自分では気づかない恐怖が存**

在していたのでしょうか。

2　感情の役割

感情の二つの側面

これまでの講義で、感情には思考的側面と身体的側面の二つがあると述べてきました。恐怖の場合の思考的側面は、自分に危険が迫っているということの認識です。そして身体的側面は、呼吸が速くなったり心臓がドキドキしたり、筋肉が緊張したり、といったものです。これらは、危険に対処するための行動準備とみなせるのでした。酸素をたくさん取り込み、血液でエネルギーを身体中に巡らせ、逃げたり戦ったりする準備をしているのです。また、筋肉が緊張して動けなくなるのは、下手に動いて危険が増さないようにするためだと理解できるでしょう。

では、先ほどの吊り橋の例はどうでしょうか。すごく揺れる吊り橋を渡るのは、危険と認識されているでしょう。さらに、自分の気づかないところで筋肉が緊張しています。筋肉の緊張により体がこわばると動きが遅くなりますが、それは状況に適したものとなっています。揺れる吊り橋は慎重にそっと渡った方がいいでしょう。

そうすると、**この場合でも価値認識と対処行動があることになります**。そうであるなら、このとき恐怖が存在していると考えられるのではないでしょうか。ただし、筋肉が緊張した感覚はないため、自分では、恐怖が生まれているとは思っていません。しかし、**感情が果たすべき役割が果たせている以上、無意識の感情が存在していたと言っていいのではないでしょうか。**

ここでは、吊り橋を渡る場面の思考実験から無意識の感情について考えてもらいましたが、現実の実験にも、無意識の感情があるのではないかと考えさせる実験があります。いくつか紹介しましょう（以下は、プリンツ［2016］p. 349–350 で紹介されています）。

クモ恐怖症

アルンツが行なった実験では、クモ恐怖症の女性たちが集められ、クモに近づいたりクモに触ったりする課題を行なってもらいました（Arntz［1993］）。そのときグループがいくつかに分けられ、あるグループにはナルトレキソンが、別のグループには何の効果もない偽薬が処方されています。ナルトレキソンには、沈静や安心感を与えるエンドルフィンという脳内物質を効かなくさせる効果がありますす。すると、ナルトレキソンを処方されたグループは偽薬を処方されたグループと比べて、クモに近づく課題をこなしにくくなりました。そのとき、両方のグループに自分に感じられる恐怖がどの程度か尋ねたそうですが、両方で感じられた恐怖の報告に差はみられなかったそうです。

アルンツはこの結果を次のように解釈しました。通常、恐怖を感じるような状況でエンドルフィンが分泌されると、沈静や安心感がもたらされ、恐怖を打ち消して思い切った行動がとれるようになります。ですが、ナルトレキソンが処方されたグループはエンドルフィンの効果が出ず、クモに近づく行動がとれなかったのです。ですが、このように行動に違いが出ても、自分に感じられる恐怖には違いは出ません。そうすると、エンドルフィンは無意識のレベルで作用していると考えられるでしょう。

この実験はさらに次のように解釈できるでしょう。どちらのグループも自分に感じられる意識的な恐怖は同程度ですが、行動に違いが出ています。**このように行動に違いが出たのは、無意識の恐怖に違いが出ていたからではないでしょうか。**

ここで、恐怖の役割を思い出してみましょう。それは、危険という価値を捉え、それに対処する行動を促すことでした。この実験では、その役割に無意識のレベルで違いが出ていたと解釈できます。クモ恐怖症の人は、クモを危険と判断し、そこから逃げようとします。ですが、この実験では逃げずにクモに近づいていくよう指示されています。このとき、偽薬を処方されたグループでは、薬は影響せず、エンドルフィンの影響で危険の判断と逃げる準備がいくらか打ち消されるでしょう。それで、恐怖の感覚はあるけれども勇敢な行動がとれます。しかし、ナルトレキソンを処方されたグループは、エンドルフィンの影響が出ないために勇敢な行動がとれないのです。こうした違いから推測されるのは、どちらのグループも意識的な恐怖は同じですが、前者のグループだけ無意識の恐怖が減っていたのではないか、ということです。

コカイン中毒

恐怖以外の感情についても、無意識の感情の存在を示唆する実験がいくつか報告されています。次に、コカイン中毒者を実験参加者として実験を紹介しましょう（Fischman & Foltin［1992］）。

実験参加者には二つの点滴が繋がれています。片方は生理食塩水が入っていて、もう片方はコカインが少量だけ含まれています。点滴にはボタンがつけられていて、実験参加者はボタンを押すことでどちらの点滴を流すか選択することができます。とはいえ、どっちがただの生理食塩水でどっちにコカインが入っているかは知りません。この状況で実験参加者は、どちらの点滴を流しても違いは感じられないと報告しました。ですが、自分でもわからないうちに、コカインの点滴のボタンを多く押していました。

この実験は次のように解釈できます。コカイン中毒者にとってコカイン摂取は好ましいことです。そのため、**好ましいことへの反応として、無意識の喜びが生まれていたのではないでしょうか。だからこそ、その喜びに促され、コカインが入った点滴のボタンを多く押す行動がとられたのでしょう。**しかし、実験参加者自身は自分が喜んでいると自覚しておらず、コカインの方を多く流しているという自覚もなかったのです。

以上の実験が正しければ、感情が果たすべき役割（価値認識と対処行動）は、無意識のレベルでも働いているようです。そうであるなら、感情は無意識にも存在すると考えられるでしょう。

3　ロボットは感情をもてるか

ここまで、価値認識と対処行動があれば、意識できなくとも、感情が存在しているという話をしてきました。これを踏まえると、**価値認識と対処行動がセットになった心の状態をもてる生き物は感情をもてる**ということになるでしょう。

では、ロボットはどうでしょうか。感情はいかにも「人間らしい」特徴で、ロボットはもてないと考えられることも多いです。SFなどでは、見た目が人間に近くても無感情なロボットが出てきたりします。そこでは、無感情であることが人間ではないことを示すためのサインとなっているでしょう。

ですが、これまでの話からすると、**もし価値認識と対処行動の能力をロボットに与えることができれば、そのロボットは感情をもてる**ということになるでしょう。その二つが備わってもロボットは感情をもてないと言い張るなら、「感情はロボットがもてないもの」と最初から決め付けているだけのようにみえます。

それでは、それら二つをロボットに与えるにはどうしたらいいか考えてみましょう。例として、私たちが高いところから下を眺めるときの恐怖を、ロボットがもてるかを考えてみたいと思います。かなり単純な例かもしれませんが、高いところに立ったときに私たちが感じる恐怖が感情であることを否定する人はいないでしょう。なので、その恐怖をもつロボットを作ることができれば、感情をもつロボットが作れたということになります。

価値認識

恐怖によって捉えられている価値は、自分の身に迫った危険でした。たとえば、高所に立ったときに恐怖では、そこから落ちたら大怪我をして、場合によっては死んでしまうかもしれない、ということが認識されています。

どれくらいの高さが危険であるかは、体の大きさに左右されます。大人なら落ちても平気な高さでも、小さな子供なら大怪我をするでしょう。第3講で説明した溝の例と同じく、これくらいの体の人にはこれ以上の高さは危険だ、ということは客観的に決まっています。

こうした危険さを捉える能力をロボットに備えつけることは可能でしょう。まず、このロボットの大きさと材質では、これくらいの高さから落ちると壊れてしまう、という高さを計算します。そして、ロボットを作るときに、前方にある段差がその高さを超えているかどうか判定できるようプログラムすればいいでしょう。

対処行動

人間が恐怖を感じる、つまり、危険を認識したときには、それに対処するための身体的な行動準備が整えられていました。恐怖のときの身体的準備にはいくつかパターンがあります。まず、迫ってきた危険から逃げたり、それと戦ったりするためのエネルギーを使えるようにしておくものがあります。また、体がこわばったり足が震えたりしてあまり動けなくなるものがありました。後者の反応は、危険な動物を下手に刺激したり、足を滑らせて崖から落ちたりしないようにするなど、より危険にならないよう慎重な行動を促すものと理解できるでしょう。

こうした行動ができるロボットを作ることは可能でしょう。落ちたら自分が壊れそうな高さを検知したときに、その場で止まって前に進まず、ゆっくり後退するようにロボットをプログラムすればいいのです。

多重実現可能性

以上のように、危険を捉えてそれに対処するロボットは作ることができそうです。ですが、ここで次の点が気になる人もいるかもしれません。それは、**人間とロボットでは、身体を作り上げている素材が違う**ということです。人間の場合、価値認識と行動準備は、眼や脳、肺や心臓といったタンパク質からなる物質を使って行なわれています。これに対しロボットは、カメラやモーター、シリコンチップなどで価値認識と行動準備を行なっているでしょう。

では、こうした素材の違いは感情にとって重要なのでしょうか。 つまり、タンパク質から出来上がっている体をもっていなければ感情はもてない、ということになるのでしょうか。

どうもそれはなさそうです。というのも、**人間の体の一部を人工物に置き換えることも可能だからです。** 知覚能力がうまく働かなくなった人に機械の目や耳を埋め込んで物を知覚できるようにする技術はすでにあります。心臓や肺がうまく働かない場合に機械を取り付け、働きを助ける技術もあります。**こうした機械が埋め込まれている人は、部分的に、ロボットと同じようにして価値認識と行動準備を行なっていると言えるかもしれません。** その人が感情をもてると考えるなら、ロボットも感情をもてると考えていいのではないでしょうか。

つまり、**重要なのは素材ではなく機能だということです。** 体がタンパク質でできていようが、鉄やプラスチックやシリコンからできていようが、価値認識と行動準備ができるなら、その個体は感情をもてると考えられるのです。

ちなみに心の哲学では、こうしたことが「多重実現可能性」と呼ばれています。心が果たす働きは、さまざまな材質によって実現できるということです。

ロボットはもう感情をもてる?

前述のような価値認識と行動準備を行なうロボットは、現在でも作れそうだと思えるでしょう。そうすると、**現在の技術でも、高いところから落ちそうなときの恐怖など、単純な感情であれば、ロボットに与えることができるように思われます**。

もちろん、その感情だけをもったからといってロボットが「人間らしく」なるわけではないでしょう。第6講で説明したような複雑な感情をもてるようにならなければ、人間らしいとは言いがたいように思えます。ですが、単純な感情も感情の一種であることに変わりはありません。

ただし、**ここまでの話は、無意識の感情が念頭に置かれています**。人間の場合、価値認識と行動準備があれば、感覚がなくとも、無意識の感情があると言えるという話から、価値認識と行動準備はロボットでもできそうなのでロボットにも感情はある、という話になりました。

というか、むしろ話は逆かもしれません。というのも、私たちの無意識の心の働きがコンピュータの情報処理のようにして理解されているからです。なので、ロボットも無意識の感情をもてるというよりも、**私たちがもつ無意識の感情がロボットやコンピュータが行なう計算処理として理解されている**と言う方が適切かもしれません。

では、感覚はどうでしょうか。ロボットは感覚をともなう感情、意識的な感情をもつことはできるのでしょうか。

実のところ、この問題は、現在の心の哲学で最も重要な問題、「意識のハード・プロブレム」と関わっています。最後に少しそれを紹介しましょう。

4 意識のハード・プロブレム

感覚の役割は何か?

最初に色の感覚について説明したときに、物体から反射されて眼に入る光がどういうものであるかは、無意識の色覚システムですでに処理されていると述べました。私たちが気づくのは、そうした無意識の処理の結果である色の感覚だけです。

では、**なぜ私たちは感覚を感じるのでしょうか。**リンゴから反射される光とピーマンから反射される光の成分が異なることは、無意識のレベルですでに捉えられています。ですが、それに加えて、私たちは意識のレベルで感覚の違いに気づきます。**無意識ですでに違いが捉えられているのに、わざわざ意識的な違いがあることに、何の得があるのでしょうか。**

感覚の役割が不明だという点を理解するに、次のことを考えてみてください。まず、私たちの色覚システムの仕組みが完全に解明されたとします。そして、ピーマンを見ているときには、眼がこう反応し、視神経でこういう反応があり、脳の視覚野がこう働くと完全にわかったとします。ですが、そのときでも、**「色覚システムがこのような反応をしたとき、なぜ緑の感覚が感じられるのか？」という疑問をもつことができるのではないでしょうか。**なぜ緑の感覚なのか、赤の感覚ではダメな理由があるのでしょうか。この手の疑問に答えられない限り、無意識の色覚システムの仕組みは解明されても、色の感覚が何なのかは説明されていないように思われます。

この点は色に限りません。音色の違いでも温度の違いでも、同じ話ができるでしょう。感情についてもそうです。**価値認識と行動準備という感情の役割は無意識でも果たせるのに、なぜわざわざそれが感じられるのでしょうか。**

感覚は何のためにあるか、意識とは何か。この問題が「意識のハード・プロブレム」と呼ばれるものです。

この問題をよりわかりやすく理解するために、思考実験がよく使われます。いくつか紹介しましょう。

逆転スペクトル

まず、逆転スペクトルという思考実験を紹介しましょう。それは、**私たちとは色の感覚が体系的に入れ替わっている人が想像できるのではないか、**というものです。

その人がリンゴを見たとき、色覚システムは私たちとまったく同じように働きます。ですが、その人は赤さではなく緑の感覚を感じています。同じく、ピーマンを見たときに私たちは緑の感覚を感じますが、その人は赤さの感覚を感じます。

ですが、その違いは行動には現れません。というのも、その人も私たちと同じように言葉を学んでいるからです。たとえば、リンゴなどを指して「これが赤という色だよ」と教えられています。私たちはそのとき赤さの感覚を感じ、その感覚を「赤」と呼ぶのだと理解していますが、その人はそのときに緑の感覚を感じ、それを「赤」と呼ぶのだと理解しています。他の色の感覚と色の名前についても同じです。なので、ピーマンとパプリカが並んでいるときに「緑の方とって」と言われると、その人はピーマンを見て赤さの感覚を感じ、パプリカを見て緑の感覚を感じますが、赤の感覚を「緑」と呼んでいるので、ピーマンを手渡してくれるでしょう。

哲学的ゾンビ

もっと極端な例として、哲学的ゾンビというものがあります。「ゾンビ」というと、ホラーに登場する動く死体のイメージがありますが、哲学的ゾンビは、見かけや行動は普通の人間と変わりません。さらには、感覚器官や脳も、普通の人とまったく同じように働いています。ですが、**その人には感覚が一切なく、無意識の心の状態しかありません。**

先ほどの逆転スペクトルと同じく、哲学的ゾンビがピーマンを見たとき、私たちと同じように色覚システムが働きますが、緑の感覚を感じることはありません。それでも、「このピーマンはあざやかな緑色だ」と言ったり、ピーマンとパプリカが並んでいるときに「緑の方とって」と言われたらピーマンをもってきたりするでしょう。その人がギャグ漫画を読んで大笑いしているとき、無意識の愉快さが生じているでしょうが、愉快さの感覚を感じてはいません。

こうした人が想像できるなら、無意識の心のシステムがどう働くかと、どういう感覚が生まれるのかは、別のことだと考えられるでしょう。そうであるなら、**無意識の働きを理解できたとしても、依然として、感覚は理解できていない**ように思われます。

注意してほしいのですが、こうした思考実験は、「逆転スペクトルの人や哲学的ゾンビが本当にいるかもしれない」と言いたいものではありません。これらは、「私たちに感覚や意識があるのは確かなのに、それが十分説明できていない、説明できていないからこんな変な存在も否定できないのだ」という点を際立たせるためのものです。

意識のハード・プロブレムを考えていくと別に本がもう一冊くらい必要になるので、今回は短い紹介にとどめたいと思います。とはいえ、この問題は現代哲学で最も重要なものなので、取り扱っている本は結構あります（たとえば、チャーマーズ［2016］；鈴木貴之［2015］）。

話をロボットに戻しましょう。ロボットは無意識の感情はもてそうだけど、意識的な感情はもてるのか、という話でした。現在のところ、これに対する答えは出せそうにありません。というのも、**そもそも人間の意識も説明できていないからです。**

第8講 他人の感情を見る

私たちは他人の感情を気にかけて社会生活を送っています。友達に声をかけるときでも、友達が怒っているか、悲しんでいるか、楽しんでいるか、どういう感情をもっているかに応じて、どう声をかけるかが変わってくるでしょう。

ですが、こんな疑問をもったことはないでしょうか。他人は、怒りを示すように顔が真っ赤になったり声を荒らげたりすることがあるけど、それは行動だけじゃないのか。その行動はハリボテみたいなもので、その裏に心なんてないんじゃないのか。他人が心をもっていると言える根拠はあるのか。この疑問は「他我問題」と呼ばれるものです。最初に述べておきますが、この問題はかなり人を選ぶと思います。哲学研究者のなかにも、「他人に心があるのは当たり前だから問題にする必要はない」と考える人もそれなりにいます。

ですが、今回紹介する他我問題の解決方針は、他我問題そのものに興味がない人でも、興味をもってもらえると思います。それは、「他人の感情は見える」というものです。他人が感情をもっていることの目に見える証拠があるというのです。

今回はまず、「他我問題」がどういうものか説明します（第1節）。次に、他人の感情は見えないと考えたくなる原因として、他人の感情を間違える場合と（第2節）、表情を感情の表れとみなす場合（第3節）を説明します。最後に、表情は感情の表れではなく感情の一部であるという点から、他人の感情は見えると主張する立場を説明します（第4節）。

1 他我問題

認識論と懐疑論

他我問題は、「認識論」と呼ばれる分野で扱われています。認識論はその名の通り、何かを認識する状態に関わる問題が扱われます。代表的なところでは、どういう条件を満たせば「知る」「知識を獲得した」と言えるのか、という問題があります。

「知る」とはどういうことなのかを考えるためには、「知ったと思ったけど実は知っていなかった」場合と対比させるのがいいでしょう。そうした対比として出てくるのが「懐疑論」です。たとえば、夢の懐疑論では、「自分は日常生活でさまざまな経験をして、いろいろな物事を知ったと思ったけど、それはすべて夢や幻で、本当は何も知っていなかったんじゃないか？」といったことまで疑われます。

こんな問題を考えて何になるんだと思う人もいるでしょう。いまが夢じゃない証拠なんて何を挙げればいいかわからないし、挙げられたところでとくに何の良いこともない。それなら、考えるだけ無駄じゃないのか、と思われるかもしれません。

とはいえ、懐疑論的な態度を身につけておくのが役立つ場合もあります。懐疑論に関する話を読むと、「え、こんなところにも疑う余地があるのか」と何度も気づくでしょう。なかには「言われてみればそこは気になるな」というものから「そこまで疑ってたら何の話もできないよ」というものまで幅はあります。ですが、**懐疑論に関する話を読むことで、疑う余地のあるポイントを見つける能力が身につきます**。

そうすると、たとえば、人からうまい儲け話があるとか、これを食べると健康になるといった宣伝を目にしたとき、「本当にうまくいくのかな?」「どういう根拠があんだろう?」と疑うことができます。それができると、騙されたり失敗したりする可能性を減らせるでしょう（疑う習慣の重要性に興味がある方は、伊勢田［2005］第1章を読んでみてください）。

とはいえ、今回取り上げるのは、夢ではなく、他人の心に関する懐疑論、それが他我問題です。冒頭で説明したように、他人は自分と同じように心をもっているのか、その証拠はあるのか、ということが問題となっています。

この本は感情についての本であるため、以下では、心の状態の例として感情を取り上げることにしましょう。つまり、「他人が感情をもっている証拠はあるのか?」を問題にします。**とはいえ、他人が感情をもつ証拠を挙げられれば、感情は心の状態の一種であるので、他人が心をもつことの証拠があることになるでしょう。**

自分の心と他人の心

他人には感情がないかもしれないという疑いが出てくる原因の一つは、**自分の感情を知る方法と、他人の感情を知る方法が異なっている**ことです。

自分が感情をもっているかは、多くの場合、自分にとって明らかでしょう。自分が怒っているのか、楽しんでいるのか、悲しんでいるのかは、おおよそわかります。たまに間違ったり不明瞭であったりすることがあるとしても、意識的な感情であればだいたいわかるはずです。

では、自分の心はどのように把握されているのでしょうか。「どのように?」と問われても、なんて答えていいかわからないかもしれません。むしろ、「ともかくわかるんだ」と言いたくなるでしょう。**自分の意識的な心の状態は、とくに何の労力を払わずとも直接わかります**。このようにして自分の意識状態を直接知る方法は、「内観」と呼ばれます。心の内を観察するということです。

これに対し、他人の心はどうでしょうか。他人が怒っているのか悲しんでいるのか、つまり、**他人がどういう感情をもっているかは、自分の感情を知るのと同じ方法で知ることはできません**。当然のことですが、他人の感情は内観できません。

他人の感情が内観できないとすると、他人は自分と同じように感情をもっているのか、という疑いが生まれます。他人の感情は自分の感情と同じように知ることができないという点から、他人は自分と同じように感情をもつと言えるのかわからない、という話になるのです。

ですがここで「他人の感情は表情や行動から推測できるのではないか」と思われるでしょう。笑顔は楽しみの表れだろうし、眉間のシワや真一文字に結んだ口は怒りの表れでしょう。そうした表情を見れば、そこから感情が推測できるはずだと考えられるかもしれません。

ですが、**推測できると考える根拠が本当にあるのでしょうか**。他人に感情があるとわかっているなら、他人がどういう感情にあるか推測するのもわかります。**しかし、他人に感情があるということ自体が確かになっていません。確かになっているのは、他人に表情があるということだけです**。そのため、表情が感情の表れであるという根拠がそもそもなく、したがって、感情は表情から推測できるものだと考える根拠も得られていないのです。

他人が感情をもつ証拠

他我問題に答えるためには、他人が感情をもっている証拠を挙げなければなりません。その証拠を挙げるいろいろな方針がありますが（詳しくは、金杉［2007］第5章を参照）、ここでは、「他人の感情は見える」と主張する方針を説明します。**他人の感情が見えるなら、他人が感情をもつ証拠、しかも、目に見える証拠があることになるでしょう**。

他我問題にとりわけ興味がない人でも、「他人の感情が見える」という主張は意外で興味深くみえると思います。多くの人は、感情をはじめとして、心は目に見えないものだと考えているはずです。これから先は、その意外性を少しずつ取り除けるような話をしたいと思います。

2 「見る」とはどういうことか

他人の感情を間違える

懐疑論は一旦脇に置き、他人には感情があるとみなしている日常的な考えに戻りましょう。それでも、他人の感情が見えるという主張は信じられないと思われるでしょう。

なぜ他人の感情は目に見えないと思われるのでしょうか。まず思いつくのは、**他人がどういう感情をもっているか理解できなかったり、間違えてしまったりすることがあるからでしょう。**すごく楽しかったり悲しかったりしても、それを表情や行動に出さない人もいます。さらに、本当は悲しくないのに悲しんでいる振りをしたり、悲しいのに無理して笑顔を作ったりすることもできます。そうした場合、他人が何を感じているか間違えてしまうでしょう。そして、もし他人の感情が見えているなら、こうした間違いはないはずじゃないか、と思われるわけです。

まず注意しなければならないのは、「見える」と「必ず正しい判断を下せる」は別だということです。また、「間違えてしまうことがある」と「見えない」も別のことです。

たとえば、色や形を考えてください。色や形が見えるものであることを否定する人はいないでしょう。ですが、色や形について「**必ず正しい判断を下せる**」わけではありません。部屋が暗いと物の色がわからないですし、照明の色が赤とか緑とかだったら物の色を間違えてしまうでしょう。遠くにあるものの形はよくわからないですし、視力が良くなければ近くの物の形もよくわかりません。このように、物を知覚する条件によっては、その色や形を間違えてしまうことがあるのです。

同じことは他人の感情にも言えます。私たちは、目の前の人がどういう感情をもっているかについて、間違った判断を下してしまうことがあります。悲しいのに無理して笑っている人の顔を見て「楽しんでいるんだな」と判断してしまうとき、その判断は間違っています。ですが、そういう間違いがあるからといって、他人の感情は見えないという結論は導けません。というのも、**もし「Xについて間違うことがある」ということから「Xは見えない」という結論が導かれるなら、色も形も知覚できないということになってしまう**からです。もちろん、そんな結論は受け入れられません。そうであるなら、「他人の感情について間違うことがある」という理由から「他人の感情は見えない」と結論することはできないでしょう。

注意すべきですが、いまの話で、「他人の感情は見えない」が否定され、それとは反対の「他人の感情は見える」が肯定されたわけではありません。いまの話は、「他人の感情について間違うことがあるから、他人の感情は知覚できない」**と考えるのが間違い**だと指摘しただけです。「他人の感情は見える」を肯定するにはまた別の根拠が必要になります。

ちょっとわかりにくいかもしれないので、たとえ話で説明しましょう。ネットでたまたまみつけた天気予想サイトに「明日は晴れる」と書いてあったとしましょう。ですが、過去の予想を遡ってみると、そのサイトの予想は外れていることが多いとわかりました。そうすると、このサイトに書いてある「明日は晴れる」という予想は信用できないことになります。

では、明日は雨が降るのでしょうか。そうとは限りません。わかったのは、このサイトが信用できないということです。明日は晴れなのか雨なのか、いまのところ判断する材料はありません。判断するには、もっと信頼できる情報を探す必要があります。

それと同じで、「他人の感情を間違えることがあるので、他人の感情は見えない」という考えが間違いだとしても、他人の感情が見えるかどうかに関しては判断できません。どちらなのか判断するためには、説得力のある別の根拠をもってこなければならないのです。

3　表情は感情の表象か

もう一つ、他人の感情は見えないと考えさせる要因を説明しておきましょう。それは、「表情は感情を表すものだ」という、常識的とも言える考えです。この考えの何が問題になるかを理解するためには、「表す」というのが何なのかを考える必要があります。哲学では「表象」という言葉が使われますが、無駄に言葉がいかついので、「表す」を使います。

〈表すもの〉と〈表されているもの〉

たとえば、東京タワーのポストカードを考えてみましょう。そのポストカードの絵は、本物の東京タワーがどういう色や形をしているかを表しています。このとき、そのポストカードは東京タワーを

〈表すもの〉で、東京タワーは〈表されているもの〉です。

まず注意すべきなのは、**表すものと表されるものは別物だということです。**当たり前ですが、東京タワーの絵は、東京タワーではありません。絵は紙とインクからできているものですが、東京タワーは鉄でできています。ポストカードは鞄に入れて持ち運べるでしょうが、東京タワーを鞄に入れることはできません。

このように、〈表すもの〉と〈表されるもの〉は別物ですが、**表すものを介して表されているものについていくらか情報を得ることができます。**ポストカードに描かれた絵を見れば、東京タワーの色や形がある程度わかるでしょう。

東京タワーの絵と本物の東京タワーは、色や形がある程度似ていて、それが〈表す〉という関係を成り立たせるうえで重要な働きをしています。ですが、**〈表す〉という関係が成り立つために、色や形が似ている必要はありません。**たとえば、「東京はいま雨が降っている」という文も〈表すもの〉です。この文は、東京の現在の天気を表していて、それを読むことで東京の天気についての情報が得られます。ですが、「東京はいま雨が降っている」という文と、東京の天気は、色や形が似ているわけではありません。この場合には、言葉の意味が、〈表す〉を成り立たせる役割を果たしているでしょう。

最後に、**〈表すもの〉は〈表されているもの〉と比べて、どれくらい正しいか、正確であるかを判定できます。**先ほど、〈表すもの〉を介して〈表されているもの〉の情報が得られると書きましたが、その情報は正確だったり間違っていたりするのです。たとえば、「東京はいま雨が降っている」という文は、現在の東京の天気が雨ではなく晴れであるなら、間違っています。また、東京タワーの絵が緑色で描かれていたら、その絵は東京タワーの色を正しく表していないでしょう。また、絵が下手で形がいびつになっていたら、形は正確に表せていない、ということになります。

以上で〈表す〉のポイントがある程度わかりました。重要なのは三つです。まず、〈表すもの〉と〈表されているもの〉は別物です。次に、〈表すもの〉を介して〈表されているもの〉の情報が得られます。最後に、〈表すもの〉は〈表されているもの〉と比べて正確さを判定できる、ということです。

先ほど述べた通り、哲学では、こうした「表す」の関係が「表象」と呼ばれます。東京タワーの絵は本物の東京タワーを「表象している」とか、東京タワーの絵は本物の東京タワーの「表象である」と言われたりします。

以上の説明を踏まえて、表情が感情の表象であるという考えがどう他我問題に結びつくのかを説明しましょう。

表情と他我問題

表情は感情を表すものだと考えられるでしょう。何か哲学的な考察を行なった結果そう考えられているわけではなく、常識的にそう思われるのではないでしょうか。

ここに、先ほどの〈表す〉に関する三つのポイントを合わせてみましょう。そうすると、**表情は感情とは別物で、表情を見ることで感情についての情報が得られ、表情と感情を比べることで正確さを判定できる**、ということになります。

ここで、他我問題をもう少し詳しく説明できるようになります。

絵や文の場合、〈表すもの〉と〈表されるもの〉を比べて情報の正確さを判定できました。その場合に私たちが**〈表すもの〉と〈表されるもの〉を比べることができるのは、両方をそれぞれ独立に把握することができるからです。**絵を見たり文を読んだりして〈表すもの〉を理解し、それとは別に〈表されているもの〉の現物を見て、それらを比べることができるのです。

ですが、他人の表情と感情の場合、**表情は見ることができますが、感情の方は把握する手段がありません。**自分の感情なら内観によって知ることができるのですが、他人の心を内観することは不可能です。

そうすると、他人の表情が他人の感情を正しく表しているかどうか判定できないことになります。そこから、**他人の表情は本当に他人の感情を〈表している〉のか、〈表されている〉とされる他人の心はそもそも本当に存在しているのか、といったことを疑う余地が出てきます。**つまり、他我問題が出てくるのです。

問題の原因と解決方針

ここでは、〈表す〉という関係を使って他我問題を説明しました。それにより、他我問題に行き着く原因の一つが、「表情は感情を表す」と考えるためであることが明確になったと思います。そうすると、他我問題を解決する手がかりも得られるでしょう。つまり、**「表情は感情を表すものだ」という考えを否定すればいいのです。**

では、表情と感情はどういう関係にあると考えればいいのでしょうか。今回説明したいのは、**部分－全体関係**です。つまり、表情は感情の一部だということです。そうすることで、他人の感情は目に見えるものだと考える余地が出てきます。

4　表情は感情の部分

部分を見て全体を見る

「表情は感情の一部なので見える」という主張のポイントとなるのは、**「何かを見る」ときに、視界に入っているのは、その何かの一部だ**ということです（信原［2014］、植村ほか［2017］第8章第1節）。

目の前の物体、この本を見ている場面を例にして説明しましょう。あなたにはこの本が見えています。そのとき、この本のすべての部分があなたの視界に入っているわけではありません。視界に入っているのは、おそらく開いた二ページだけで、他のたくさんのページや、表紙、裏表紙、背表紙、などは、あなたの視界に入っていないでしょう。

かといって、別のページを見ようとページをめくると、今度はこのページが見えなくなります。表紙と裏表紙を見ようと本を裏返しても、このページが視界に入らなくなるでしょう。この本のすべての部分を一度に視界に入れることは不可能です。

ですが、**「この本が見える」ためには、この本のすべての部分が全部一度に視界に入っている必要は**

ありません。むしろ、一部だけでも視界に入っていれば、「この本が見える」と言うことができます。

このとき、**視界に入っている本の一部と、本全体は、〈表す〉という関係にはありません。**〈表す〉という関係では、〈表すもの〉と〈表されるもの〉は別物でした。これに対し、視界に入っている本のこちら側と本全体は、別物ではありません。視界に入っているこちら側と本全体は、部分‐全体関係にあります。そして、**こうした部分‐全体関係が成り立つ場合、部分が視界に入っていれば、全体を見たと言えるのです。**

同じことは「見える」以外にも当てはまります。「食べる」でもそうでしょう。冷蔵庫にケーキがあるのを見つけて、少しだけ口に入れて飲み込んだとき、急に呼び出しをされ、残りを冷蔵庫に入れるとしましょう。その場合、ケーキを全部丸呑みにしたわけではないですが、それでも、「ケーキを食べた」ということになります。あとで「冷蔵庫に入ってたケーキを勝手に食べただろ！」と怒られても、「ちょっとしか食べてないのに」と言い訳することはできますが、「食べてない」とは言えません。ケーキの一部分だけ口に入れて飲み込めば、ケーキを食べたことになるのです。

つまり、**対象の一部と関わることができれば、その対象と関わったと言えるということです。対象と関わるために、その対象のすべての部分に関わる必要はないのです。**

では、他人の感情はどうでしょうか。ここまでの話からすると、他人の感情を見るために、他人の感情のすべての部分が視界に入っている必要はありません。**感情の一部が視界に入っていれば、感情が見えたと言うことができるでしょう。**

感情の身体的側面

では、視界に入っている感情の一部とは何でしょうか。

ここで、最初の方の講義（第3講から第5講）を思い出してください。感情は、思考的要素と身体的要素から成り立っているのでした。たとえば、恐怖の場合には、「危険が迫っている」と判断する思考的側面と、鼓動が速くなったり、呼吸が荒くなったり、筋肉が緊張したり、といった身体的側面がありました。

そして、**いくつかの身体的側面は、目に見えるものでしょう**。恐怖を感じているときの顔が引きつっている様子は、他の人から見えるものです。同じく、怒りで眉間にシワがよったり、喜びで口角が緩んだり、悲しみで涙が出ている様子、つまり、表情は見ることができるものです。感情に関わる身体反応のなかには、血流やホルモンバランスの変化といった外から見えないものもありますが、見えるものもあるのです。

そして、こうした**表情は感情の一部となっている**ものでした。第3講で取り上げた表情フィードバックなどがわかりやすい例でしょう。それは、笑顔を作るだけでいくらか楽しさが増すといったものでした。この現象をみると、笑顔という身体反応は楽しさという感情の一部となっていると考えられるのでした。

ここで、**表情などの身体反応も感情の一部である**という話と、**一部を見れば全体を見たことになる**という先ほどの話を合わせましょう。そうすると、**表情を見れば感情を見たことになる**という結論が導けます。

注意しなければなりませんが、感情なら何でも見えるわけではありません。たとえば、第6講で説明したように、他人の笑顔を見るだけでは、その人が抱いているのが誇りなのか希望なのかは判別できません。これら二つは、身体反応は同じようなものでしょうが、思考で区別されます。誇りには「自分の価値が高まった」といった思考が含まれていて、希望には「悪い状況から抜けられそうだ」といった思考が含まれているでしょう。こうした複雑な感情は見えそうにないですが、第5講で紹介した普遍的な表情に対応する基本感情に関しては、他人の感情が見えると主張できそうです。

さらなる論点

まとめましょう。感情の一部となっている表情などの身体反応が視界に入れば、全体である感情が見えていると言えそうです。そして、感情は心の状態の一種なので、他人の感情が見えるなら、他人の心が見えるということになります。そうすると、他人が心をもっていることの目に見える証拠があると言えるようになります。これで、他我問題に答えられたことになります。

今回は、他我問題に関する懐疑論、認識論の観点から他人の感情の知覚を説明してきました。ひょっとすると、心に関する科学に詳しい人なら、ここまでの話は心の理論とか心的シミュレーションとどう関わるのか、という疑問をもったかもしれません。心に関する科学と懐疑論を結びつけた考察というのはなかなか面白そうなのですが、それについて考えていると入門書の領域を大きく越えてしまいますので、残念ながら今回はここまでにしたいと思います（詳しく知りたい人は、源河［2017］第4章を参照してください）。

第9講 感情と気分／感情と痛み

これまでの講義では、恐怖や怒りなど、わかりやすい感情に焦点を合わせてきました。今回は、そうした典型的な感情ではなく、気分を取り上げたいと思います。

気分と感情は似たような状態だと思われますが、感情と気分を分ける基準はいくつか提案されています。まず、そうした基準をみることにしましょう（第1節）。その後、気分のなかでも憂うつに焦点を合わせ、その機能や進化的役割に関する話題を取り上げます（第2節）。

気分の話は以上なのですが、最後に補足として、痛みと感情に関する話を書きたいと思います（第3節）。

1　感情と気分を分ける基準

普段から「感情」と「気分」を明確に区別して言葉を使い分けている人はなかなかいないでしょう。ですが、なんとなく区別はあると思います。たとえば、山道を歩いていてヘビが出てきたとき、「不安を感じた」と言うよりも「恐怖を感じた」と言う方がふさわしく思えるのではないでしょうか。これに対し、まだ山に登っていない段階で「山道でヘビが出てきたらどうしよう」と考えるときには、恐怖というよりも不安を抱いていると言うのがふさわしいように思われます。そうだとすれば、**たとえ感情と気分の違いを明確に説明できなくとも、私たちは何かしら区別をつけていると考えられるでしょう。**

他の感情や気分についても、何となく区別はありそうです。怒りは感情ですが、イライラ（苛立ち）はどちらかといえば気分と言った方がいいように思われます。同じく、悲しみは感情ですが、憂うつは気分だと言えないでしょうか。

とはいえ、**いくつかの感情には対応する気分がある**ように思えます。先ほど挙げた、怒りとイライラ、悲しみと憂うつは、そうした対応関係にあると言えそうです。同じように、恐怖の感情に対応する気分として不安が、喜びという感情に対応するものとしてウキウキ（高揚感）が挙げられるのではないでしょうか。

では、感情と気分はどういった点で分けられるのでしょうか。恐怖と不安は似たものですが、何が二つを分けるのでしょうか。以下では、感情と気分を分ける基準としてよく挙げられるものを説明しましょう（以下は、エクマン［2006］p. 107–109; プリンツ［2016］p. 314–324 に基づいています）。

強度基準

最初に取り上げるのは、**気分は弱い感情**だという考えです。怒りや恐怖、喜びや悲しみは強烈な心の状態として経験されていますが、イライラや不安、ウキウキや憂うつは弱いものとして経験されているという考えです。

ですが、これはあまり良い区別とは思えません。というのも、**強い気分もあれば弱い感情もある**と考えられるからです。

たとえば、電車で他人に足を踏まれたときの怒りはそこまで強くないのに対し、仕事が手につかないほど強いイライラもあるでしょう。非常に強い不安を感じることもあれば、ちょっとだけ怖かったという場面もあります。そのため、経験される強さで感情と気分を分けるのは良い方針ではないでしょう。

時間基準

気分と感情は持続時間が違うという考えもよく挙げられます。たとえば、怒りは瞬間的なものですが、イライラは一日中続くかもしれません。こうした点から、**気分は長続きする感情**のことだと言われる場合もあります。

ですが、これもうまくいきそうにありません。なぜなら、**長続きする感情もある**と考えられるからです。

たとえば、自分の大切な人が亡くなって何日も何ヶ月も、何年も悲しみを抱いているということもあるでしょう。そのときには憂うつという気分もかかえていると言えそうですが、同時に、涙を流すほど悲しみを抱いている場合もあるでしょう。また、余命が少ないと医者から宣告された人は、憂うつや不安にもなるでしょうが、かなり長いあいだ死の恐怖を感じることもありそうです。そのため、持続時間で感情と気分を分けるのも良い方針ではないでしょう。

傾向性基準

次に、気分は感情の傾向性だという考えを取り上げましょう。それによると、**気分は感情を抱きやすくなる状態**です。具体的に言うと、イライラとは怒りが発生しやすくなっている状態で、憂うつは悲しみが発生しやすくなっている状態だということです。

この考えは他と比べてちょっと難しいところがあります。というのも、この基準を理解するためには、「傾向性」という哲学の概念を理解しなければならないからです。さらに、結論から言ってしまえば、この基準は、ちょっと難しいのに結局うまくいきそうにありません。「難しいけど結局ダメそうな考えを解説するなんて意味ないじゃん」と思われるかもしれませんが、たまにこの考えを支持する人がいるので、一応、どうダメなのか解説しておきましょう。また、「傾向性」は哲学でたびたび登場する重要な概念なので、この機会に理解しておいてもいいと思います。

傾向性の具体例としては、水溶性が挙げられます。水溶性とは「水に入れたら溶ける」という性質です。たとえば、砂糖や塩が水溶性をもっています。

注意してもらいたいのは、**「水に入れたら溶ける」という性質は、水に入れられていない砂糖や塩がもっている**という点です。砂糖が水に溶けるという出来事が実際に起こる（顕在化する）のは砂糖が水に入れられたときですが、水に入れたら溶けるという潜在的な特徴は、水に入れられていない砂糖に備わっているものです。

傾向性の他の例としては、脆さが挙げられるでしょう。薄いガラスのコップは机から落としたら壊れてしまうでしょうが、脆さという性質は机の上にある状態のコップに備わるものです。壊れるという出来事が実際に起きていなくとも、ガラスのコップは潜在的に壊れやすいものです。他にも、通電性、可燃性、毒性などが傾向性の例として挙げられるでしょう（より詳しく知りたい方は、柏端［2017］p. 152–153 を参照してください）。

以上を踏まえて、感情と気分に戻りましょう。気分は感情が発生する傾向性だという考えにしたがうと、**気分は潜在的な感情**だということになります。

この考えがうまくいかないのは、次を見落としているからです。それは、**気分は潜在的なものではなく、感情と同じく実際に心に発生している（顕在化している）**状態だということです。イライラは特定の条件のもとで怒りとなる潜在的な感情ではありません。イライラも怒りと同じく、すでに心に発生しているものとして私たちに経験されています。

確かに、イライラしているといつもより怒りやすくなる、憂うつになっていると普通よりも悲しみが発生しやすくなっている、というのは正しいかもしれません。ですが、イライラも憂うつも、現に心に発生しているものであって、潜在的な状態ではありません。そのため、気分は感情の傾向性だという考えは、感情と気分を分ける基準としてふさわしくないと考えられるのです。

対象基準

最も見込みのありそうな基準は、**感情と気分は対象に違いがある**、というものです。

まず、**感情の対象は明確であるように思われます**。たとえば、私たちは他人から文句を言われたら怒ります。そのとき、怒りが向けられている対象が他人（もしくは他人が言った文句）であることは明らかでしょう。また、私たちは、財布をなくしたことを悲しんだり、試験に合格したことを喜んだり、目の前のヘビを怖がったりします。つまり、「何について」感情をもっているのか明確なのです（ちなみに、第4講では「個別的対象」と「形式的対象」を区別しましたが、ここで挙げられているのは個別的対象のことです）。

これに対し、**気分の対象は明確ではありません**。なんとなくイライラしたり、ウキウキしたり、不安であったり、憂うつであったりします。「何について」の気分なのか不明瞭なのです。

とはいえ、「気分には対象がない」とか「気分は何にも向けられていない」と言ってしまうのは早急です。ここで、第４講で取り上げた志向性を思い出してください。それは、心の状態には必ず対象があるというものでした。何かを見ているときには見られているものがあり、考えているときには考えられているものがあります。怒りを抱くときにはその矛先となる対象があります。

そして気分も心の状態の一つです。そうであるなら、**気分にも志向性があり、気分にも何かしら対象があると考えるべきでしょう**。そうしなければ、気分だけは他の心の状態とは異なり志向性をもたない特殊なものだということになってしまいます。

もちろん、気分は特殊な状態だと主張する方針がとれないわけではありません。ですが、その前にまず本当に対象がないのか考えてみるべきでしょう。対象が見つかれば、気分だけは特別な状態だと言う必要がなくなり、心の状態を志向性によって統一的に理解できるようになります。

では、気分の志向性は何に向けられているのでしょうか。それを理解するためには、**気分は何の原因もなくランダムに生まれるものではない**という点に注目するのがいいでしょう。たとえば、朝起きて窓を開け、雨が降っているのを見て（または、降りそうな曇りの様子を見て）憂うつな気分になることがあるでしょう。異常に暑い真夏では、眩しすぎる日差しで憂うつになることもあります。

雨や眩しすぎる日差しは、その日の行動に制限をかけます。雨の場合、服は濡れるし、傘を持たなければいけないので片手が塞がるし、道路はいつもより混むし、自転車は滑る危険が多くなって乗れないし、等々の理由から、晴れの日と同じように行動することはできません。また、異常に暑い日は、熱中症になるリスクが高まるので、長時間外に出られず、また、水分や塩分をたくさん補給する手間がかかります。

ここからわかるのは、憂うつになるときには、いろいろうまくいっていないということです。**重要なのは、「いろいろ」という点です。**悲しみを抱くときには、親しい人が亡くなったなど個別的な物事が対象となっていますが、憂うつになるときにはいろいろな物事がうまくいかなかったり失敗したりしているのです。同じように、怒りは特定の人から言われた特定の文句などを対象としますが、イライラはいろんな物事を対象としているでしょう。「なんとなくイライラする」ではなく「いろんなものにイライラする」と言う方が正確であるように思われます。

まとめると次のようになります。感情には、個別的で具体的な対象に向けられています。他方で気分は、いろいろな物事に向けられています。感情は直近に起きた個別的な物事を対象としていますが、気分は長期間に起こった複数の物事をまとめて対象にしていると言えるでしょう。

2 なぜ憂うつになるのか

次に、気分のなかでも憂うつを取り上げましょう。

なるべくなら憂うつにはなりたくないものです。憂うつになると、何のやる気も出なくなったり、自分の欠点にばかり目がいってしまったりして、非常につらい思いをしなければなりません。

ですが、**なぜこんな嫌なものを私たちは経験するのでしょうか。**こんな気分をもつような仕組みがない方が、私たちは幸せなのではないでしょうか。

憂うつと同じく怒りや恐怖も負の状態であり、経験するのが嫌なものですが、怒りや恐怖にはわかりやすい役割があります。怒りは他人から文句を言われた場合など、自分が何かしら不当な扱いを受けたときに生まれます。そこで怒りが生まれることで、文句を言い返したり殴ったりしたくなります。こうした行動は、不当な扱いをこれ以上続けさせないための対処方法となるでしょう。また、恐怖は危険なものと遭遇したときに生まれますが、恐怖があることでその危険から逃げる行動が促されます。

このように、怒りや恐怖といった負の感情は、その負の感情の原因をなくしたり避けたりする行動を促します。怒りや恐怖は経験したくないものですが、その経験が長続きしないような行動を促すことで、自分を取り巻く状況を改善させる役割があると言えるでしょう。

これに対し、憂うつはどうでしょうか。憂うつを同じように理解することはできません。というのも、**憂うつになると何の行動もとりたくなくなる**からです。なので、憂うつを引き起こした嫌な状況を回避する行動がとれそうにありません。

では、憂うつは、たまたま私たちに備わってしまった、足を引っ張るだけの存在なのでしょうか。そうだと簡単に言い切ることはできません。というのも、憂うつという気分も人間の心の状態の一つであり、進化によって獲得されたものだからです。**進化によって獲得されたものであるなら、そこには、個体が生き残ったり子孫を残したりするうえで役に立つ何かしらの要素があるはずです**。人間はどうやっても邪魔にしかならない嫌な気分をもつように進化したという主張は信じがたいでしょう。

進化心理学

先ほどの考えは進化心理学という分野でよくみられます。進化心理学では、体がもつさまざまな機能と同じく、心がもつ機能も進化の産物として備わったと考えられています。進化の産物は生存や繁殖にとって何かしら有利になるものとして備わったものであるので、**心の働きにも何かしら生存や繁殖上の利点があるはず**だということです。

ですが、体の機能を特定するのとは異なり、心の機能を特定するうえでは、少々困った点があります。生き物の体の特徴がどう変化してきたかは、化石を比べてみればわかります。この時代にこの生物はこんな体だった、そのあとではこんな体になっている、とわかるのでしょう。

これに対し、心の化石は残りません。頭蓋骨の化石をいくつか比べて、脳が入る部分がこれだけ大きくなっているから、知能がこれくらい進化しただろう、という推測はつけられます。ですが、「この段階で憂うつを経験するようになった」みたいな細かいところまでは判定できそうにありません。

むしろ進化心理学では次のような方法がとられます。まず、「この心の働きはこういう点で生存や繁殖に役立ったんだ」という物語を作り、そして、**その物語の説得力があるかどうかで、仮説が正しいかどうかを判定する**のです。有名なところでは、愛情という感情はパートナー同士を結びつける装置として備わったとか、恋愛の嫉妬は（前の講義でみたように）子孫を残したり子供を育てたりすることに関連して備わったと言われることもあります。

憂うつの階級闘争説

ここで、憂うつに関する興味深い進化心理学の仮説を一つ紹介しておきましょう。それによると、**憂うつは階級闘争に負けた個体が生きていくうえで役立つ**ものだそうです（プリンツ［2016］p. 202–204; 大平［2010］p. 81–82）。

群れに階級がある動物の場合、ある個体が良いポジションを得ようとすると、自分より上のポジションにいる個体と戦わなければなりません。戦いがあるとどちらかが負けますが、**負けた方がすぐさままもう一度戦いを挑むのは非常にリスクがあります**。一度負けているし、負けて弱っているし、再び負ける確率が高いでしょう。さらには、次負けたら命の危険すらあるかもしれません。ですが、ここで**憂うつになり行動をとる気がなくなると、そうしたリスクを回避することができます**。また、行動をとる気がない様子は、勝った個体に服従していることを示すサインとなり、さらなる攻撃を回避できるでしょう。

このように憂うつは、負けた個体が群れのなかで生き続けるのに役立つものとして理解できます。憂うつの階級闘争説によれば、憂うつはこうした役割をもつものとして進化的に備わったとされています。

またこの考えでは、現代社会で憂うつが増えていることも説明できると言われています。というのも、現代の私たちは、さまざまなメディアを通して、自分よりもお金を持っていたり、容姿が優れていたり、健康だったり、何かしら成功している人をたくさん目にしているからです。それにより、自分が下の階級にいると認識してしまうというのです。

とはいえ、これはあくまでも仮説の一つであり、説明がうまくいっていないように思われる点もいくつかあります。次に、そうした問題点をみてみましょう。

階級闘争説の検討

まず注目したいのは、階級闘争説が正しければ、成功している人ほど憂うつにならないという予測が立てられる点です。**憂うつは敗者にとって役立つものなので、勝者は憂うつになる必要がないでしょう。**

ですが、現実ではそうとも言えません。かなり成功している人でも、成功し続けなければならないというプレッシャーで憂うつになることもあるでしょう。また、人間ほど複雑な生き物になってくると、憂うつのために自殺する場合も出てきて、憂うつが生き残るための手段にならないこともあります。

さらに言えば、**私たちは階級闘争以外の原因でも憂うつになります。**家族が亡くなったり恋人と別れてしまったりして憂うつになることがあるでしょうが、そうした出来事は階級闘争とは無関係であるように思われます。家族や恋人を失うと社会的な階級が下がるのでしょうか。そういうこともあるかもしれませんが（自分が勤める会社の社長の子供と結婚したのに離婚する場合など）、そう多くはありません。そうであるなら、**憂うつが階級闘争に対処するためだけに備わったという考えはもっともらしくないようにも思われます。**

注意してほしい点があります。いま、憂うつは階級闘争のために備わったという考えを紹介し、それに対する反論も紹介しました。ですので、この話の流れのポイントは、**階級闘争説は興味深い仮説の一つではあるけど、異論もある**ということです。

ですが、授業でこのパターンの話をすると、後半の反論が伝わっていないことがよくあります。Aという考えを紹介し、次にそれに対する反論も紹介しても、結局、Aが正しい考えだと思ってしまう人が多いのです。なので、もう一度注意喚起を行なっておきますが、憂うつの階級闘争説はあくまでも興味深い仮説の一つです。そういう考え方もあるのか（異論もあるけど）というように理解しておいてください。

3　痛みの感情的側面

最後に、痛みと感情に関する興味深い話を書いておきましょう。実は、私たちが普段感じている**身体の痛みは、単なる身体感覚ではなく、身体感覚と感情が組み合わさったもの**だと言われています。

日常的に私たちは、体の痛みと心の痛みを区別しているでしょう。「失恋で心の痛みを感じた」みたいなことはよく言われますが、「心の痛み」は、指にできた切り傷や火傷の「痛み」と同じ種類のものでしょうか。多くの人は、そうではないと考えるでしょう。怪我や火傷の痛みは身体の損傷ですが、心の痛みを感じるときに身体に損傷が起きているわけではありません。

むしろ、「心が痛い」というのは、強い悲しみを抱いていることを比喩的に表現していると考えられるでしょう。体の痛みと心の痛みは、どちらも嫌なものではありますが、別ものだと考えられるのではないでしょうか。

ところが、実のところ身体の痛みにも感情が関わっているようです。というのも、**感情が抑えられている特殊な状況では、身体の損傷は感じられつつも、それが嫌ではないということが起こるからです。**

最初に、「痛覚失象徴」と呼ばれる神経障害を紹介しましょう。この症状にある人は、針で手を刺されたりしたとき、身体が損傷される感覚はあるそうですが、叫んだり嫌がったりしません。むしろ、くすくす笑いだしたり、面白く感じられたりするそうです。

こうした症状は、島と呼ばれる脳領域に損傷がある人にみられるものです。島は感情に関わる領域で、そこに損傷があると、身体が傷ついているという感覚はありつつも、それに対して不快な感情を抱かなくなってしまうそうです（ラマチャンドランほか［1999］p. 327–328）。

また、催眠によって痛みが軽くなることも知られています。そのときの脳を調べてみると、触覚や痛覚を司る体性感覚皮質の活動は低下していません。ですが、やはり島の活動が大きく低下しているそうです。そのため催眠状態にある人も、身体の損傷を感じることはできますが、それを不快に感じなくなっているのです（乾［2018］p. 62）。

以上は、身体の損傷は感じるのに不快さを感じないという例でした。これとは逆の例もあります。先ほど出てきた体性感覚皮質のみに損傷があると、**体のどこに損傷があるのか、どういう損傷なのか（焼ける、凍る、鋭い、鈍い、など）がわからないのに、不快な感情を抱くことがあるそうです**（リンデン［2016］p. 183–184)。

こうした例をみると、私たちが普段経験する痛みは、身体の損傷の感覚と、それに対する不快な感情の二つが組み合わさったものだと考えられるでしょう。どちらかを感じる能力が失われてしまうと、通常の痛みの経験が失われてしまうのです。

また、通常の痛みが損傷の感覚と不快な感情の組み合わせであるなら、**損傷は同じでも、感情次第で痛みが変わる**のではないかと予測されるでしょう。実際にそうした例は報告されています。負の感情を抱きがちだと痛みが増し、正の感情を抱きがちだと痛みが軽減されるそうです（大平［2010］p. 217）。

今回は以上です。次回以降は応用編に入っていき、感情研究と倫理学や美学のつながりをみてみたいと思います。次に取り上げるのは、感情と理性は対立するものなのか、という話題です。

第10講 感情と理性は対立するか

いきなりですが、次の問題を考えてみてください。

> リンダは三一歳の独身女性。外向的でたいへん聡明である。専攻は哲学だった。学生時代には、差別や社会正義の問題に強い関心をもっていた。また、反核運動に参加したこともある。
> では、彼女は次のどちらである可能性が高いでしょうか。
> Ⓐ銀行員
> Ⓑフェミニスト活動をしている銀行員

答えは決まったでしょうか。

この問題は、今回のテーマである「感情と理性」の違いを浮き彫りにするものとしてよく取り上げられます。解説は後半に書きますので、答えを覚えていてください。

感情は理性と対比されがちです。しかも、理性に比べて劣ったものとされることが多いでしょう。ですが、現在の感情研究では、そうした考えが見直されています。むしろ、感情と理性は異なる役割をもつと考えられたり、感情がなければ理性的にもなれないと言われたりします。今回はそうした研究を紹介したいと思います。

まず、感情と理性が対立するという考えに対する疑いを書きます（第1節）。次に、感情がなければ理性的になれないことを示す脳神経科学の事例を紹介します（第2節）。その後、感情と理性がどのような関係にあるかに関する一つのモデル、二重過程理論を説明しましょう（第3節）。

1　感情は合理的でないのか

理性と感情の対立は、「頭と心の対立」だと言われる場合もあるでしょう。それだけでなく、このように対比されるときには、決まって感情が悪者にされます。「感情に流されて理性を失った」とか、「理性で感情をコントロールしなければならない」という言葉を聞いたことがあると思います。

ですが、本当に理性と感情は対立しているのでしょうか。まず、理性と感情がそれぞれどういうものか考えてみましょう。

理性的／合理的

理性とは何でしょうか。日常的な意味での「理性的な人」は、**思慮や分別があり、冷静で、論理的で、一貫性がある人**のことでしょう。「合理的な人」と言い換えることもできます。以下では、「理性的」と「合理的」を同じ意味で使います。

それとは反対に、えこひいきをしたり、自分の好き嫌いで物事を決定したりして他人の話を聞かない人は、理性的・合理的とは言えません。不合理で理不尽でしょう。こうした点をみると、理性的な人は、物事の道理に沿って考えたり行動したりする人のことだと言えそうです。

理性的であるための条件はいくつかあるでしょうが、たとえば、**他人も理解できる、公に説明できる理由がある**という点は重要です。

たとえば、会社のなかで誰を昇進させるか決めるときに、一番成績の良い人を選ぶ社長は合理的な人でしょう。なぜその人が昇進したのかについて、公に説明できる理由があります。成績が一番良いからです。その人が昇進してリーダーになると、きっと業務もはかどるでしょう。なので、会社のみんなも人事に納得するはずです。

これに対し、成績は悪いけれども個人的に仲が良いからといって人を昇進させる社長はどうでしょうか。不合理で理不尽です。その人が社長と仲が良いことは、会社や仕事とは無関係です。というか、むしろ悪い影響がありそうです。成績が低い人がリーダーになったら会社が混乱してしまうかもしれません。「仲が良いから昇進させた」というのは、他の人が納得できるものではなく、公に向けられた説明としては不適切です。

こうした点をみると「理性的」とか「合理的」であるためには、他人からも理解できる判断を下している必要があると考えられるでしょう。

感情の思考的側面

感情については、これまでの講義で説明してきました。感情には、身体的側面と思考的側面があります。

恐怖を感じるときに背筋がゾクゾクします。その感覚は、筋肉が緊張したり、呼吸が荒くなったりするといった身体反応を感じたものでした。こうした身体反応は、恐怖の原因となる対象に対処する（逃げたり戦ったりする）ための準備となります。そして、対象が危険であるということは、感情がもつ思考的な側面によって捉えられているのでした。感情に含まれる思考は、自分がどういう状況に置かれているかを評価するものです。言い換えると、その状況がもつ価値を捉えているのです。

価値を捉えるという点は、感情に特有のものではないでしょう。理性的な思考も価値を捉えることができます。この状況がどう危険であるか、その行為がなぜ侵害となっているのか、この対象がどう良いのかについて、他人も理解できるように説明することは可能です。

そうすると、**感情と理性的な思考はまったく異なる心の状態ではないことになります。どちらも価値を捉えているからです。**確かに、感情に含まれた思考は価値を捉えることに特化しているのに対し、理性的な思考では価値以外のものも捉えられるという違いはあります。ですが、価値を捉える点は共通だと言えそうです。

感情の合理性

さらに、**感情にも合理的なものと不合理なものがあります**。

たとえば、恐怖症を考えてみましょう。飛行機恐怖症の人に、いくら飛行機は事故が少ない乗り物だ（車より事故は少ない）と説明しても、その人は怖がって飛行機に乗りたがりません。本人も、飛行機が安全な乗り物であることを理解していると言っています。それでも、怖くて乗りたくないのです。この恐怖は不合理なものでしょう。**その人が恐怖を抱く理由は、他の人には理解できないものになっています**。

これに対し、合理的な恐怖もあります。たとえば、友達が「この前山道を歩いていたら、急にヘビが出てきて怖かった」と話してきたとしましょう。話を聞いて、怖がるのも当然だ、同じ状況だったら自分も怖がるだろう、と思うでしょう。**その恐怖は、他人も理解できる理由があって生まれています**。ヘビは危険な動物だからです。そのため、この恐怖は合理的な感情と言えるでしょう。

これら二つの例からわかるように、感情も他人が理解できるかどうかで、合理的なのかどうかが判定されます。そうであるなら、感情は理性と対立するものではないと考えられるでしょう。というのも、**もし感情と理性がまったく別物であるなら、感情は合理的かどうか判定されるものではないはずだからです**。

ここまで、感情は理性と対立するものではないと述べてきましたが、さらに重要な論点があります。それは、感情をもつ能力が失われると、合理的な行動ができなくなるというものです。次に、それを示す脳神経科学の研究を紹介しましょう。

2　VMPFC損傷

ここでは、アントニオ・ダマシオという脳神経科学者の研究を紹介したいと思います。ダマシオは、第3講で紹介した「身体説」を現代の脳神経科学の観点から擁護している人として有名です。感情に関する著作を多く執筆していて、日本語訳も結構あります。

ここでは、VMPFC損傷に関する彼の研究をみてみましょう。

ダマシオは、一九世紀のアメリカの鉄道職員であるフィネアス・ゲージという人物を取り上げています（ダマシオ［2010］第1章）。一八四八年の夏、二五歳のゲージは鉄道拡張工事の現場監督をしていました。岩石を爆破し平坦な道を作る作業を指揮しているとき、彼は誤って一メートルほどの鉄の棒で火薬を叩いてしまいました。それによって火薬が爆発し、吹き飛んだ鉄の棒が彼の頭を貫通しました。

ですが、彼は奇跡的に一命を取りとめました。それどころか、二ヶ月足らずのうちに医者から治癒を宣言されたそうです。左目の視力は失われていたそうですが、右目は見え、言語や記憶や運動機能に大きな障害もみられなかったそうです。

しかし、事故によって大きく変わってしまった点があります。彼の人格です。

以前の彼は、工事の計画をうまくこなし、頭が切れ、エネルギッシュで粘り強い性格でした。これに対し事故後は、気まぐれで、下品な言葉を吐き、他人に敬意を払わず、移り気で、自分で立てた計画をこなせないようになっていたそうです。彼はもはや現場監督の仕事をすることはできませんでした。その後彼は見世物小屋で自身の傷痕と貫通した鉄の棒を見せる仕事についたりしましたが、生活は安定せず、一八六〇年に三六歳でこの世を去りました。

ゲージの人格が変わってしまった原因は何でしょうか。彼は一〇〇年以上前の人物なので、彼自身を詳しく調べることはできません。ですが、保存されている彼の頭蓋骨から、彼が損傷した部分がおおよそわかります。それは、前頭前野腹内側部と呼ばれる脳領域です。英語だとventral medial prefrontal cortexで、VMPFCと略されます。

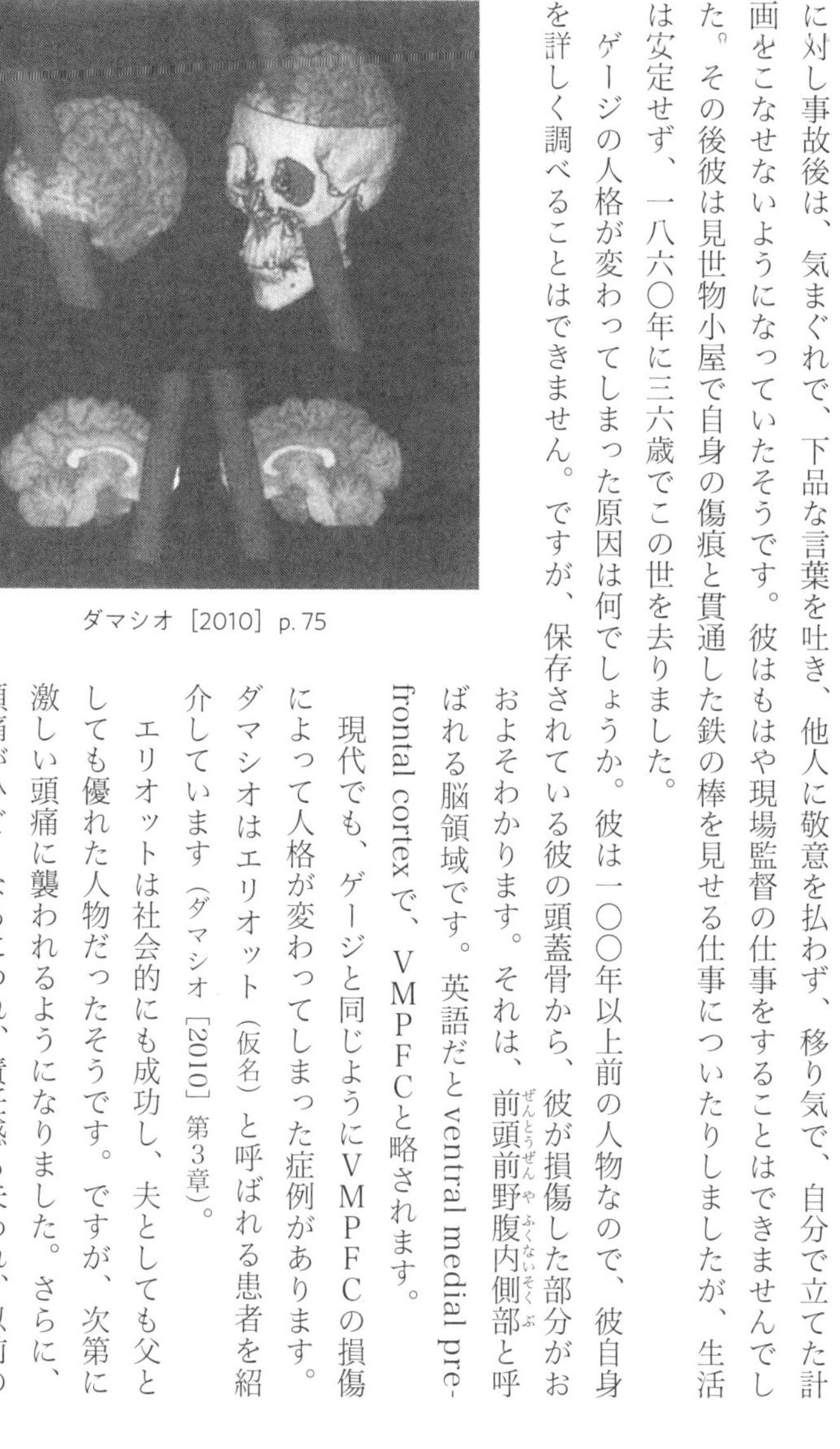

ダマシオ［2010］p. 75

現代でも、ゲージと同じようにVMPFCの損傷によって人格が変わってしまった症例があります。ダマシオはエリオット（仮名）と呼ばれる患者を紹介しています（ダマシオ［2010］第3章）。

エリオットは社会的にも成功し、夫としても父としても優れた人物だったそうです。ですが、次第に激しい頭痛に襲われるようになりました。さらに、頭痛がひどくなるにつれ、責任感も失われ、以前のように仕事をこなすこともできなくなったそうです。

その原因は脳腫瘍でした。脳の表面を覆う髄膜に腫瘍ができており、それが前頭葉を圧迫していたのです。

そうした腫瘍を取り除く手術では、通常、ダメージを受けた領域も一緒に切除されるので、彼は腫瘍だけでなく前頭葉の一部を切除されることになりました。手術は成功に終わり、腫瘍の再発の予兆もみられませんでした。また、知覚や記憶、知識、IQに問題もありませんでした。

しかし、術後の彼は気まぐれな性格になり、計画を実行できず仕事を解雇され、新しい仕事も安定しなくなってしまったそうです。また、悪い評判の人物と手を組んだり、欠陥ビジネスに手を出したりして破産してしまいました。妻とは離婚し、周りが反対する人物と再婚しますが、すぐ離婚してしまったそうです。このように彼は、**合理的な決定や行動ができなくなってしまった**のです。さらには、次の通院日を決めるといった日常的な決定もできなかったと言われています。

もう一つ、彼にみられた変化があります。それは、**感情をもたなくなってしまった**ということです。彼は、自分に起きた悲劇を悲しんだりしていませんし、長々と検査に付き合わされたり、矢継ぎ早に質問されたりしても怒ったりしません。瞬間的に感情を示すことはあったそうですが、それも、すぐさまおさまってしまったそうです。

エリオットやケージが損傷したVMPFCは、**感情に関わる身体反応を生み出す信号を送る領域であることがわかっています**。そして、そこを損傷すると感情をもつ能力が失われてしまうのです。

では、VMPFC損傷により感情をもてなくなることと、ケージやエリオットのように合理的な決定ができなくなることは、どう関係しているのでしょうか。それを説明するためにダマシオが行なった実験をみてみましょう。

ギャンブル実験

その実験はギャンブルを行なうというものです（ダマシオ［2010］第9章）。アイオワ大学で行なわれたこの実験は「アイオワ・ギャンブリング課題」と呼ばれることも多いです。

実験参加者（プレーヤー）は、まず、二〇〇〇ドルの模擬紙幣を渡されます。そして、A、B、C、Dのどれかの山札からカードを引きます。それぞれのカードには、一〇〇ドルもらえる、五〇ドルもらえるといったことが書かれています。ですが、カードにはそうした収入だけが書かれているわけではなく、ときどき、一〇〇ドル支払う、五〇ドル支払うといった支払いが併記されている場合もあります。そして、この課題の最終的な目的は、持ち金を増やすことです。

実は、山札にはプレーヤーには知らされていない傾向があります。AとBの山札のカードはどれも一〇〇ドルもらえると書かれていますが、CとDの山札のカードはどれも五〇ドルもらえると書かれています。ですが、AとBの山札のカードはときに一二五〇ドルの高額な支払いを要求します。これに対し、CとDの山札のカードで要求される支払いは平均して一〇〇ドル以下です。そのため、AとBに入っているカードは、目先の利益は多いですが、そこばかり引き続けていると最終的に損になってしまいます。これに対し、CとDに入っているカードは、目先の利益こそ少ないですが、そこばかり引き続けると最終的に得するようになっています。

実験では、VMPFCを損傷している人と損傷のない人にこの課題を行なってもらいました。損傷のない人は、初めは高額の利益に魅せられてＡやＢから多くカードを引いていますが、そのうち結果的に損になっていると気づき、ＣやＤから多くカードを引くようになります。**これに対し、損傷のある人は、最後までＡやＢから多めにカードを引き、最終的に持ち金をすべて失ってしまったそうです。**このゲームでは、実生活と同じく、ＶＭＰＦＣの損傷によって計画性的な行動がとれなくなっている様子が示されています。

さらに、この課題をこなすときに皮膚伝導反応も調べられていました。皮膚伝導反応とは、神経の興奮や発汗によって皮膚の伝導率が変化するというものです。ＶＭＰＦＣを損傷した人もしていない人も、カードを引いて利益が得られたり損をしたりしたときには、皮膚伝導反応がありました。さらに、損傷のない人では、何回かカードを引き、損得の傾向を理解したうえでＡやＢからカードを引くことを考えている（悪い結果を予想している）場合にも皮膚伝導反応があったそうです。これに対し、損傷のある人では、そうした予想での皮膚伝導反応はみられませんでした。

ダマシオはこうした実験から、「ソマティック・マーカー仮説」という理論を提唱しています。「ソーマ」はギリシャ語で「身体」という意味なので、ソマティック・マーカーは身体的な目印ということになります。

ダマシオによれば、**感情に伴う身体反応は、それ自体で、物事が良いか悪いかを判定する目印となっています。**そして、その目印がＶＭＰＦＣに蓄えられ、意思決定や判断に利用されているというのです。私たちが行動を決定する際には、感情の身体反応によってそれが良いか悪いかが判定され、その判定が、長い目でみたときに自分に何が得かを判断する際に用いられています。ですが、ＶＭＰＦ

Cを損傷するとソマティック・マーカーが利用できず、目先の利益ばかりに目がいってしまうようになります。そのため、VMPFC損傷の人は、ギャンブル課題でも実生活でも、計画的な行動がとれなくなっているというのです。

以上からすると、感情による価値の判定は、合理的に行動するためになくてはならないものだと考えられるでしょう。そうであるなら、**感情と理性は対立するどころか、理性的であるためには感情が必要とされる**と言えるでしょう。

ここまで感情と理性は対立するものではないと説明してきましたが、一方で、日常的には対立させられることが多いのは確かです。そうだとすると、**感情と理性は、まったく違ったものではないとしても、何かしら違いがあるはずです**。次に、その違いを考えてみましょう。

3　二重過程理論

二つのシステム

感情と理性の違いを説明するために、ここでは、人間の心に関する別の研究を紹介したいと思います。それは「二重過程理論」と呼ばれるものです。それによると、人間の心には、システム1とシステム2という二つのシステムが備わっています。

システム1が働く過程は、素早く自動的です。その働きは、おおよそ、知覚や感情、直観と呼ばれてきたものに相当します。たとえば、机に目を向ければ、すぐさま何の苦労もなく机が見えるでしょう。「机を見よう」と決意する必要はありません。まわりで物音がすればそれが勝手に耳に入ってきます。ヘビと遭遇したときには、怖がるかどうか自分で決めることなく、勝手に恐怖が生まれるでしょう。また、数学者が数式を見ただけでパっと答えが思いつくときにも、こちらのシステムが使われているでしょう。

これに対しシステム2が働く過程は、労力も時間もかかります。それは、旅行の計画を立てたり、複雑な計算問題を解いたり、選挙で誰に投票するか考える場合に使われています。こちらは、熟慮や理性的な思考に相当するものでしょう。そして、このシステムを働かせるためには、証拠を集めたり、状況を想像したりするなど、能動的に労力を払わなければなりません。また、その分だけ時間がかかります。

システム1とシステム2の違いを理解するための例がいくつかありますが、その一つが、最初に挙げた「リンダ問題」です（カーネマン［2013］第15章；植原［2017］p. 153）。

リンダ問題

冒頭の問題を読んだとき、答えはⒶとⒷのどちらだと思ったでしょうか。おそらくⒷを選んだ方が多いでしょう。ですが、答えはⒶです。

「説明されている彼女の特徴からすると、フェミニズムをやっていそうじゃないか」と思われるでしょう。ですが、答えるべきなのは、「どちらである可能性が高いか」ということです。この点に注意してもう一度考えてみてみましょう。

銀行員には、フェミニスト活動をしている人も、していない人もいます。フェミニスト活動家である銀行員は、銀行員の一部でしかありません。そのため、可能性だけを考えると、可能性が高いのは数が多い銀行員ということになります。「フェミニズム活動をしている」という限定をつけると、銀行員の数を絞ることになり、その分だけ可能性が低くなってしまいます。上の図を見れば一発でしょう。

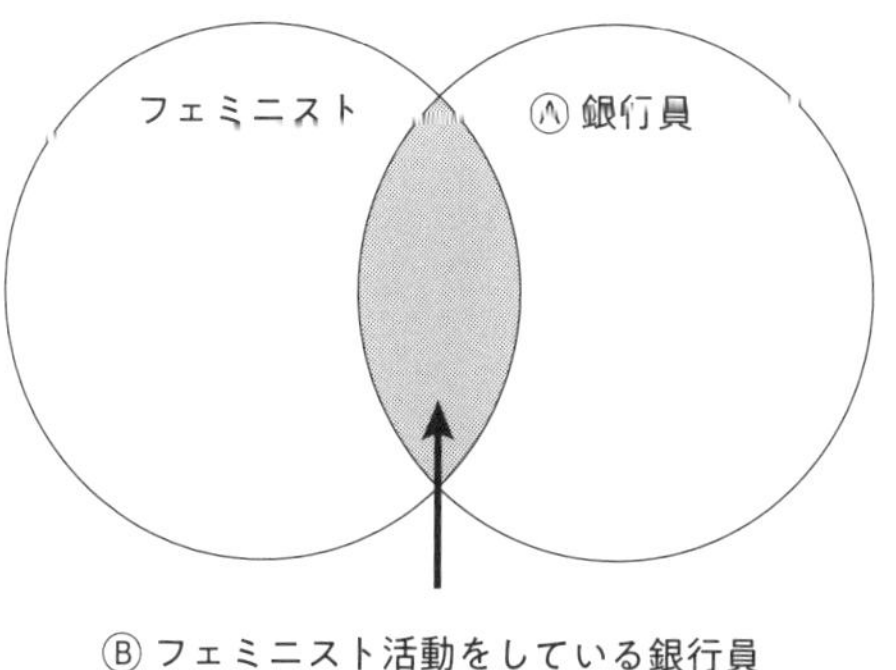

Ⓑフェミニスト活動をしている銀行員

ですが、素早く反射的に思い浮かんだ答えはⒷでしょう。率直で、聡明で、哲学を学んだ、といった特徴は、フェミニズム活動をしている人のステレオタイプ（典型例）に当てはまります。なので、注意深く考えていないとⒷを選んでしまうのです。こうした誤りは「代表制バイアス」と呼ばれます。素早く自動的に働くシステム1を使って答えると、こうした誤りに陥ってしまうのです。

ですが、注意深く、労力を払って、時間をかけて丁寧に考えると、「純粋に可能性だけを問題にすれば答えはⒶだな」とわかるでしょう。そのときにはシステム2が使われているのです。

使われる場面の違い

リンダ問題をみると、**システム1は素早く自動で働くけど間違い**

やすく、システム２は時間と労力がかかる分だけ物事を正確に捉えられることがわかります。そして、先ほどシステム１は感情と呼ばれているものに相当し、システム２は理性と呼ばれるものに相当すると述べていました。そうすると、「やっぱり感情より理性の方が優れているじゃないか」と思われるかもしれません。

ですが、そうとも言い切れません。リンダ問題のような例はシステム２を使う方がうまくいきますが、**システム１を使った方がうまくいく場面もある**からです。

たとえば、山道を歩いているときにクマと遭遇したとしましょう。そのときシステム２を使うと「体が大きくて、毛むくじゃらで、黒くて、四足歩行の動物が出てきた。これは見たことがあるぞ。クマだ。クマは人を襲うという話があったな。しかもクマは足も速いらしい。これは危険だ。逃げなければ」とかなんとか考えている途中でクマに襲われてしまいます。それよりも、システム１を働かせ、クマを認識してすぐ恐怖を感じ、逃げ出す方が助かる確率が高いでしょう。

先ほど述べたように、システム１にはバイアスがあるため、間違えることも多いです。実際はクマなどいないのに、クマっぽい特徴が見えたらそれをクマと認識し、恐怖を感じて逃げ出してしまうかもしれません。ですが、その場合は、「なんだ、クマじゃなかったのか。怖がって損した」くらいで済みます。

これに対し、早とちりを防ぐためにシステム２でじっくり考えていると、そのクマっぽいものが本当にクマだったときに、襲われてしまい一巻の終わりです。ありもしないものに恐怖を抱く損と、一巻の終わりになる損では、明らかに前者の方がましでしょう。**一回の失敗が命取りになるような状況**

では、たとえ間違いが多くても、すぐさま対処行動をとれる方が有利なのです。

以上からすると、人間が生きていくうえでは、**システム1もシステム2も両方必要だと考えられるでしょう。両者は、うまく働く場面が異なっているのです。**システム1は、じっくり考えている時間や労力を払えないときに使われます。ですが、その分だけ間違いもあります。これに対し、時間や労力を払える場合には、システム2を使った方がより正確な判断を下せるでしょう。

感情と理性は補い合う

以上のように、システム1の働きである感情と、システム2の働きである合理的な熟慮は、うまく使われる場面が異なっています。なので、感情と理性は、どちらかがどちらかよりも劣っているとか、どちらかが悪者だとかいうわけではありません。ただし、システム2を使った方がうまくいく場面でシステム1を使ってしまったら、間違った判断や選択がなされてしまいます。リンダ問題はまさにそうした例でしょう。

ここから推測されるのは、**感情が悪者にされるのは、システム2が得意な場面でシステム1が働いて失敗した場合が注目されているためではないか**ということです。よく考えてみれば納得できるのに早とちりで怒ってしまい、周りの人に悪い印象を与えてしまった、といった事例は、嫌な思い出として記憶されるでしょう。そういう失敗は、何度も振り返り、後悔されがちです。そのため、**感情にしたがって行動して失敗した場合が悪目立ちしているのではないかと思われます。**

ですが、システム1の働きである感情があることでうまくいく場合もあれば、VMPFCの損傷の例からわかるとおり、感情がなければ合理的な行動もできません。感情は私たちの足を引っ張る悪者ではないのです。

今回は以上です。次回は、感情と道徳の関係について考えてみたいと思います。実は、今回説明した二つのシステムは、道徳的判断にも関わると言われています。次回は感情と道徳を二重過程理論の観点からみてみたいと思います。

第11講　道徳哲学と感情の科学

前回は、二重過程理論の観点から感情と理性の違いについて解説しました。今回はさらに、同じ理論で感情と道徳の関係について考えてみたいと思います。

最初に、道徳的判断とはどういうものかを特徴づけておきましょう（第1節）。次に、有名な道徳的ジレンマとして、トロリー問題を説明します（第2節）。その後、トロリー問題を手がかりに、功利主義と義務論という現代の道徳哲学・倫理学の重要な考えを説明します（第3節）。そのあと、道徳的判断と感情の関係を、二重過程理論の観点からみてみたいと思います（第4節）。

1　道徳的判断

道徳的判断の具体例は、「嘘をつくのは悪いことだ」「他人を助けるのは良いことだ」「友達からお金を騙し取るなんて最低な人だ」「川で溺れている子供を助けたあの人の行動は勇敢だった」といったものです。こうした判断は、日常生活でも下されるものでしょう。では、こうした判断がどういう特徴をもつか詳しくみてみましょう。

まず、道徳的判断は、**問題となっている物事が何らかの特徴をもっていると述べています**。「勇敢な行動だ」という判断は、その行動が勇敢さという特徴をもつと述べています。同じように、「残虐な行為だ」は、その行為が残虐さをもつと述べています。その点は、「この机は赤い」といった色判断と同じです。「この机は赤い」「赤い机だ」という判断も、問題となる物事が何らかの特徴（色）をもつと述べています。

ですが、道徳的判断は対象の特徴を述べているだけではありません。「その行動は悪い」と言う場合には、その行動が悪さをもつと言うのに加えて、**そうした行動はやめるべきだという要請が含まれているでしょう**。「親切な行ないだ」と言うときには、**同じような行動をもっと続けることが推奨されています**。

これに対し、「赤い机だ」という判断は、机が赤さという特徴をもっていると述べているだけで、何らかの行動を促したりしているようにはみえません。それを行動の要請と理解するには、特殊な事情が必要になります。たとえば、あなたは以前「青い机をここに置け」と言われていたのに、それを忘れて赤い机を置いてしまい、誰かが「赤い机だ」と言ったのを聞いて「青いのを置くんだった」と思い出した、などです。

道徳的判断と色判断のこうした違いは、事実と価値の違いに対応するとよく言われます。「この机は赤い」という判断はただ事実を述べているだけなのに対し、「その行為は悪い」という判断は良さや悪さといった価値に言及しています。価値は、何回か前の講義で説明しましたが、主体の生命や生活に重大な影響を与えるものです。

物体が何色をしているのかは、生命や生活に重大な影響を与えないでしょう。赤いから襲ってくる、緑だから食べると栄養になる、といったことはありません。ときどき「動物や植物の色が赤や黄なのは毒があることのサインだ」みたいなことがよく言われますが、赤や黄でも無害なものもあるし、緑でも毒のものもあるので、色そのものと価値は必ず結びついているわけではありません。

これに対し、**良い行為や悪い行為は、生命や生活に直接的な影響を与えます。**「悪い」と言われる行為は自分や他人の生命や生活を悪い方に導くもので、「良い」と言われる行為は生命や生活を改善させるものでしょう。だからこそ、道徳的判断は行動を促す側面をもっていると理解できます。ネガティヴな判断はそう判断されている物事を減らすよう要請し、ポジティヴな道徳的判断はそう判断されている物事を増やすよう要請しているでしょう。

ここで、道徳的判断と感情の関わりの一端が見えます。

これまで何度も、**感情は価値に対する反応**だと述べてきました。恐怖は危険、怒りは侵害、悲しみは喪失、喜びは好機という価値を捉えています。そして「ひどい行為だ」と判断するときには、その行為がもつネガティヴさが認識され、怒りや嫌悪といったネガティヴな感情が感じられるでしょう。反対に「すばらしい行ないだ」と判断するときには、その行為がもつポジティヴさが認識され、感心や称賛といったポジティヴな感情が感じられているでしょう。

さらに、**感情には行為を促す力がある**のでした。喜びや楽しみといったポジティヴな感情は、その原因を維持・増大させる行為を促し、恐怖や怒り、嫌悪といったネガティヴな感情は、その原因を回避・減少させる行為を促すのでした。それに対応するように、道徳的判断には行為を促す側面があります。「親切な行為だ」などのポジティヴな道徳的判断はそういった行為を増やすよう促し、「ひどい行ないだ」などのネガティヴな道徳的判断はそういった行為を減らすよう促しています。

道徳的判断と行動の話に戻りましょう。良い行為を推奨し、悪い行為をやめさせようという点は、**「べき」**という言葉によく現れます。この場面ではどういう行動をとるべきか、そういう行動はとるべきではない、などです。「動物を殺して食べるのは悪いことだ」という判断は、「動物を食べるべきではない」という判断にすぐさま結びつくでしょう。

さらに、**こうした「べき」は対立することがあります**。動物の生命を守る観点からベジタリアンになっている人は、他の人たちに「肉を食べるべきではない」と言うでしょう。ですが、他の人たちは簡単には説得されず、肉を食べるのはそこまで悪いことではないと反論するでしょう。

そうした対立の一例として、ここでは、有名な「トロリー問題」をみてみたいと思います。

2 トロリー問題の二つのシナリオ

トロリー問題は、フィリッパ・フットという哲学者の論文で有名となった思考実験です。ときどき「トロッコ問題」という表記もみかけます。「トロッコ」というと、石炭を運ぶものみたいな印象を受けるのですが、トロリーは路面電車のことです。

まず次の状況を考えてみましょう。

スイッチシナリオ

ブレーキのきかなくなった路面電車が向こうから走ってきます。その線路の先には、電車が来ることを知らずに作業している人が五人います。このままでは五人は轢かれてしまいます。このとき、あなたは線路を切り替えるポイントのスイッチのそばにいます。あなたがスイッチを押すと、電車の進路が変わり、五人は助かります。ですが、切り替えた先の線路には人が一人いて、そこに電車が進むとその人は轢かれてしまいます。このとき、あなたはどうするでしょうか。スイッチを押して一人を犠牲にして五人を助けるでしょうか。それとも、一人を犠牲にすることはできないと五人を見殺しにするでしょうか。

ここで問われているのは**「多数の人を救うために少数の人を犠牲にしてもいいか？」**ということです。それがいいかどうか考えるために、こうした状況が設定されています。たまにトンチで奇をてらった答えを言ったりする人もいるのですが（置き石して脱線させるとか）、**トロリー問題を通して考えてもらいたいのは、どうやったらこの特定の場面を切り抜けられるかではありません。**考えてもらいたいのは、より一般的な論点、多数の人を助けるために少数の人が犠牲になってもいいのかどうかです。

また、「トロリー問題なんて現実では起きないから考えるのは無駄だ」と言う人もいます。**ですが、現実の問題となります。多数を助けるために少数を犠牲にしていいのかということは、戦争や貧困、災害、疫病などで、**トロリー問題は、現実で突きつけられる問題を重要なポイントだけ抜き出してきたものです。

さらにいくつか補足を述べておきましょう。まず、片方の線路にいる五人も、もう片方の線路にいる一人も、全員あなたの知り合いではないことにします。というのも、知り合いがいたら助けたくなる（憎んでいる知り合いだったら助けたくなくなる）からです。ですが、何度も述べている通り、ポイントは少数を犠牲にして多数を救って良いのかどうかです。そこに焦点を合わせるため、全員知らない人にします。同じような理由から、性別や年齢も全員同じだとしましょう。さらに、あなたの周りに人はいないことにします。あなたがスイッチを切り替えている様子をみてショックを受けたりする人はいません。

以上をふまえて、このシナリオではどうするべきか、考えてみてください。

決まったら、今度は次の場面を考えてみてください。

歩道橋シナリオ

ブレーキのきかなくなった路面電車が向こうから走ってきます。その線路の先には、電車が来ることを知らずに作業している人が五人います。このままでは五人は轢かれてしまいます。ここまでは先ほどと一緒です。しかし、今回は線路が一本しかありません。そして、このときあなたは歩道橋の上にいます。また、隣にはとても大きなリュックサックを背負った人がいます。その人を歩道橋から突き落として電車にぶつけると、その人は死んでしまいますが、電車は止まって五人は助かるでしょう。このとき、あなたはどうするでしょうか。隣の人を犠牲にして五人を助けるでしょうか。それとも、一人を犠牲にすることはできないと五人を見殺しにするでしょうか。

先ほどと同じく、他の登場人物はあなたの知らない人で、性別や年齢も全員同じにしましょう。また、あなたのそばにはリュックサックを背負った人しかおらず、その人を突き落としても誰かに見られることもありません。さらに、あなたが歩道橋から飛び降りて電車にぶつかっても電車は止まりそうにないですが、隣の人とリュックサックは電車を止めるのに十分な大きさがあるとします。そのため、**「隣の人をぶつけても電車は止まらないかもしれない」という疑問は生まれないことにします**（ここは気になる人が多いので、あらかじめこう設定しておきます）。最後に、その人からリュックサックを奪い取って自分が背負い、自分が落ちるほどの時間はないことにしましょう。五人を救うにはその人を突き落とすしかありません。

では、このシナリオではどうするべきでしょうか。また、前のシナリオについての判断と、このシナリオについての判断はどこが違っているでしょうか。それらを考えたら次に進んでください。

3 功利主義と義務論

実は、二つのシナリオで、**多くの人はこう判断するというパターンがあります。スイッチシナリオで選択を迫られた人の多くは、スイッチを押すことを選択します。**そう選択した理由としては、「助かる人がなるべく多い方がいいから」というものがよく挙げられます。この「助かる人がなるべく多い方がいい」という考えは、伝統的には「功利主義」と呼ばれるものに分類されるでしょう。

功利主義の名前は高校の倫理の授業でも出てきます。「最大多数の最大幸福」というフレーズで有名ですね。**功利主義では、正しい道徳的判断は、結果として最も幸福を増やすものとされます。**スイッチシナリオでは、一人が死ぬことになる（スイッチを押す）行為と五人が死ぬことになる（スイッチを押さない）行為のどちらかが選べます。結果として幸福が多い、あるいは、害が少なくなるのは、もちろん、一人が死ぬことになる選択でしょう。

もし「助かる人が多い方がいい」という理屈を徹底させるなら、歩道橋シナリオでも、隣にいる人を突き落として電車を止め、五人を救うという判断が下されそうです。もちろん、そのように考え、歩道橋シナリオで一人を突き落とすと答える人もいます。ですが、**歩道橋シナリオでは、隣の人を突き落とさず五人を見殺しにすると答える人の方が多い傾向にあります。**その理由としてよく挙げられるのは、「自分の手で人を殺すようなことはしたくない」というものです。いくら助かる人が多くなろうと、人を一人でも殺すようなことはしたくないということです（この理由から、スイッチシナリオでも何もしないと答える人もいます）。

この考えは、伝統的には「義務論」と呼ばれるものに分類されるでしょう。**義務論によれば、人としてやるべきこと、やってはいけないことがあります。**人としての義務があるということです。功利主義では結果として幸福が最大化する行為が道徳的に正しい判断とされますが、義務論では結果は問題ではありません。自分が人を殺すことになる判断は、結果がどうあれ、そもそも認められないのです。

功利主義と義務論のどちらが正しいのかは、二〇世紀以降、現在の道徳哲学・倫理学の重要トピックの一つとなっています。全面的に功利主義を支持する人と、全面的に義務論を支持する人が対立していることもありますが、トロリー問題への回答をみると、多くの人はどちらの考えももっているようです。そして、二つのシナリオは、それぞれの立場を支持したくなる考えを呼び起こすものになっています。**スイッチシナリオは功利主義的な考えを引き出し、歩道橋シナリオは義務論的な考えを引き出すのです。**

ここで少し残念なお知らせがあります。**この本は、功利主義と義務論のどちらが正しいのか答えを出すわけではありません。**両者の対立については現在でも議論が紛糾しているし、どちらが正しいのかを考えるためには、本書より長い本を書かなければならないでしょう。しかも、この本の主題は道徳ではなく感情です（より詳しく知りたい方は、児玉［2012］を参照してください）。

なので、注目したいのは、**道徳的判断を下すときに私たちは何をしているのか、そこに感情はどう関わるのか、ということです。**

4 道徳と二重過程

シナリオが違うとなぜ判断が変わってくるのでしょうか。それに対する説明はいくつかありますが、ここでその一つを紹介しましょう。どうやら私たちは、**「意図された結果」と、「予想はできたけれども意図されてはいない結果」を区別しているようです**（ステレルニー［2013］第7章）。

二重結果の原理／作為と不作為の区別

スイッチシナリオでは、自分がスイッチを押したら一人が死んでしまうことが予測できます。ですが、一人が死んでしまうことは、**意図してなされた行為の結果ではありません。意図していたのは五人を救うことであり、一人が死ぬのは五人を救うための行為の副次的な結果でしかありません。**

この点は、もし切り替えた線路の先に誰もいなかったら誰でも迷いなくスイッチを押していただろう、ということからもわかります。スイッチを押す行為は、五人を救うことを意図していたものなのです。ですが、スイッチシナリオでは切り替えた先に偶然人が一人いるため、その一人は死んでしまいます。一人が死ぬことは、予想はできますが、意図されていたものではないのです。

他方で、歩道橋シナリオの場合、五人を助けようとすると一人は必ず死んでしまいます。一人を電車に当てなければ電車は止まらないからです。**その一人を歩道橋から突き落とすという行為は、その一人を犠牲にすることを意図した行為です**。その人は、偶然死んでしまうのではなく、意図的に殺されてしまうのです。

以上を踏まえると、**どうやら私たちは、意図に関するこれらのポイントを区別し、その区別に基づいて道徳的判断を下しているようです**。スイッチシナリオで一人が犠牲になるのはしょうがないと判断されるのは、その人の死は偶然の出来事だと理解されているからだと考えられます。これに対し、歩道橋シナリオで一人を犠牲にすることはできないと判断されるのは、その一人が意図的に殺されることが理解されているからだと考えられます。

このように、一人が死ぬことは同じでも、それが意図された結果なのか、意図されていない副産物なのかによって、道徳的に許容できるかどうかが変わってきます。このことは、「二重結果の原理」と呼ばれています。

さらに、私たちの道徳的判断には、「作為と不作為の区別」も関わっているようです。歩道橋シナリオでは、自分から行動を起こして（作為的に）一人を殺すくらいなら、何もせずに（不作為に）五人を見殺しにする方がマシだと考えられています。これに対しスイッチシナリオでは、その一人は作為的に殺されているわけではないので、一人を救うためならその一人が犠牲になるのもしょうがないと判断されているようです。

判断の根拠と感情

二重結果の原理、そして、作為と不作為の区別は、二つのシナリオでなぜ判断が異なっているかをうまく説明してくれます。なので、どうやら私たちはこれらに基づいて道徳的判断を下しているのだろうと考えられます。

ですが、「あなたはこの原理に基づいて道徳的判断を下していたんだ」と言われても、それが自覚できていたという人はそんなにいないでしょう。そもそも、ここで説明された区別は難しくてよくわからないかもしれません。どうやら、**こうした原理は自分では自覚できない無意識の領域で用いられているようです。**

では、意識的な領域ではどうでしょうか。二つのシナリオで判断を下すときに自覚できていたのは、「人を突き落とすと罪悪感が出る」といった理由ではないでしょうか。言い換えると、**感情に基づいて道徳的判断を下していたのではないか**ということです。長々と道徳の話をしてきましたが、やっと感情に戻りました。さらにここで、前回の二重過程理論が関わってきます。（「二重結果の原理」と「二重過程理論」は「二重」という用語が共通していますが、二つの考えに直接的な影響関係があるわけではありません。念のため。）

二つのシステムと道徳的判断

二重過程理論は、人間にはシステム1とシステム2という二つのシステムが備わっているというものでした。システム1は感情に対応し、意識的な労力を必要とせず、素早く自動的に働くものです。

これに対しシステム2は、意識的な労力が必要で、時間もかかりますが、その分だけ精度が高い熟慮の働きです。実は、これらのシステムの違いでトロリー問題の道徳的判断も説明できると言われることがあります（グリーン［2015］；鈴木真［2020］）。

トロリー問題を考えているときの脳状態を調べた研究があります。それによると、歩道橋シナリオを考えているときには感情に関する領域（以前に説明したVMPFCの一部や、扁桃体など）の活動が活発になったそうです。

ここから、歩道橋シナリオを考えている場合にはシステム1が使われていると考えることができるでしょう。歩道橋シナリオでは自分が意図的に人を殺すことになると感じ取り、それがネガティヴな感情を生み出します。そのため、隣の人を突き落とすのは間違っていると判断されるのです。

また、意図的に人を殺すことになるのと副次的に人を殺すことになる違いは明確に理解されていない可能性があると書きましたが、その理由は、こうした違いはシステム1によって捉えられているためだからと理解できます。**システム1は自動的に働くので、どういう仕組みで判断しているのか自分でもうまく理解できないのです。**

さらに、歩道橋シナリオで人を突き落とす選択をする場合と、突き落とさない選択をする場合では、回答までの時間に差があることもわかっています。突き落とすと答える方が時間がかかるのです。この点も二重システム理論から説明できそうです。

システム1はすばやく働くものでした。なので、突き落とすべきではないと回答した人は、**システム1で素早く生み出された感情に基づいて判断したと**考えられます。これに対し、突き落とすべきだと答えた人は、「よくよく考えれば助かる人が多い方がいいはずだ」と、**システム2を働かせ時間をかけて判断した**のでしょう。さらに、自動的に働くシステム1の反応(「突き落とすべきではない!」と訴えてくる感情)を抑えつつ、システム2を働かせなければなりません。そのため、突き落とすべきだと回答するのに時間がかかったと考えられます。

道徳と心の科学

ここで、功利主義と義務論の対立に戻りましょう。これまでの話を合わせると、功利主義と義務論の対立は、二つのシステムの対立だと理解することができます。**功利主義はシステム2に基づくのに対し、義務論はシステム1に基づいていると理解できるのです。**

先ほど述べたように、功利主義と義務論のどちらが正しいのかについては議論が紛糾していて、現在でも決着がついていません。ですが、今回の話を踏まえると、**どちらが正しいのかを考えるうえでは、心に関する科学を参照する必要が出てくる**と言えそうです。

たとえば、二重過程理論から功利主義を擁護するときには、次のように言われたりします。システム1は人間がこれまで進化してきた過去の環境で役に立っていたが、複雑な社会的関係を捉えるにはシステム1ではなくシステム2の方が適している。そして、複雑な社会的関係は道徳にも当然関わっている。そうであるなら、ふさわしい道徳理論は、システム2に適合する功利主義の方だ。これに対する反論としては、システム1も社会的関係に合うように調整がなされることが可能であるため、システム1に適合する義務論も不適切ではない、と言われたりします。

このように、功利主義と義務論の対立は、道徳哲学や倫理学だけでなく、心に関する科学の研究も関わってきています。これまでの講義では、感情の哲学は心の科学に強く影響されるという話をしてきましたが、道徳が感情に関わっているなら、道徳研究も心の科学を無視できないことになるでしょう。

第12講　恐怖を求める矛盾した感情

怒りや悲しみ、恐怖といった負の感情は、できるなら避けたいものでしょう。負の感情をまったく経験せずに一生を終えることは不可能でしょうが、少ないに越したことはありません。

ですが、私たちはときどき負の感情を求めているようにみえます。怖いはずなのに心霊スポットに行ったり、ムカつくとわかっていてネットの炎上記事を読んだり、悲しくなりそうなのに悲しい曲を聴くことはないでしょうか。

このように、嫌なのに求めてしまう「矛盾した感情」は、一体どういう仕組みで成り立っているのでしょうか。今回はこのテーマで考えてみたいと思います。

まず、その矛盾がどういうものかを定式化しましょう（第1節）。そして、その矛盾を解決するための説明として、消去説（第2説）と補償説（第3節）を紹介します。

1　負の感情のパラドックス

「避けたいはずの負の感情を求めるのはなぜか」という問題は、「負の感情のパラドックス」と呼ばれます。パラドックスを生み出す物事と負の感情のペアはいくつかあります。恐怖を与えそうなのに求められる候補としては、心霊スポット、ホラー映画、スカイダイビング、バンジージャンプなどがあるでしょう。悲しみについては、悲劇や悲しい音楽が挙げられます。怒りについては、冒頭に挙げたネットの炎上記事などがそれにあたるでしょう。

ちなみに、**ホラー映画や悲劇などはフィクションという論点が加わるため、話が少し難しくなります**。フィクションでは「作り話を本当に怖がれる（悲しめる）のか？」という問題が出てきてしまうのです。

今回は、バンジージャンプ、悲しい音楽、炎上記事など、フィクションではない例を主に取り上げます。フィクションが関わるものについては、今回は最後に少し触れることにして、詳しくは次回取り上げたいと思います。

それでは、負の感情のパラドックスのどこがどう矛盾なのかを理解するために、パラドックスをいくつかの主張に分解してみましょう。たとえば、バンジージャンプの恐怖だと次のようになります。

①バンジージャンプは恐怖を生み出す。
②恐怖は負の感情である。
③負の感情は避けたいものである。
④バンジージャンプは避けたいものである。（①、②、③から）
⑤バンジージャンプを進んでやる人はそれなりにいる。（事実）
⑥④と⑤は矛盾する。

順に説明しましょう。

まず、①は正しそうに思えます。バンジージャンプは非常に高いところから落下するものです。そもそも高い所に立つのも怖いですし、そこから飛び降りるのなんて怖くてたまらないのではないでしょうか。

②も正しそうです。恐怖は通常、怒りや悲しみと同じく、負の感情に分類されるでしょう。恐怖が喜びや楽しさなどと同じ正の感情に分類されることはまずありません。

③については、第5講で説明した感情価を思い出してください。**怒り、悲しみ、恐怖といった感情がもつネガティヴさは、その感情の原因となった物事との関わりを減らせという指令として理解できます。**たとえば、ヘビを見たときの恐怖がもつネガティヴさは、ヘビから離れて恐怖を減らせという指令です。（反対に、喜びや、楽しさのポジティヴさは、それを喚起した原因との関わりを増やせという指令でした。）

というわけで、①②③はどれも正しそうです。そして、①②③を合わせると、④が導かれます。「避けたい負の感情である恐怖を生み出すバンジージャンプは避けたい」ということです。

しかし、**事実として、**⑤バンジージャンプを進んでやる人はそれなりにいます。何らかの事情で後には引けなくなって嫌々する人もいますが、ここでは自分から進んでやる人に注目しましょう。少なくとも、各地のバンジージャンプ施設が安定した収益を生み出すものとなる程度には、お金を払ってまでやりたい人がいるでしょう。

ここで矛盾が出てきます⑥。④は、バンジージャンプは避けられるはずだと述べています。これに対し、⑤は、バンジージャンプをしたい人がそれなりにいると述べているのです。

これまでの「バンジージャンプ」を「スカイダイビング」や「ジェットコースター」に置き換えても同じパラドックスが作れるでしょう。さらに、「バンジージャンプ」を「炎上記事」にして「恐怖」を「怒り」にすると、怒りバージョンのパラドックスが作れます。同じように、「悲しい音楽」と「悲しみ」で悲しみバージョンができるでしょう。

パラドックスの解き方と意義

それでは、この矛盾を解決するにはどうすればいいのか考えてみましょう。

④と⑤は矛盾するので、どちらかが誤っていると考えなければなりません。ですが、**⑤は事実なので否定できません。**バンジージャンプを進んでやる人がそれなりにいることは確かです。**そうすると、④が間違っていると考えざるをえません。**

④は、①②③を合わせて導かれたものです。なので、④が誤っているということは、**④の元になった①②③のどれかが誤っていると考えなければなりません。**①②③は、どれも単独で考えたときには正しそうでしたが、実はどれかが間違っているのです。

ここで解決方針が三つに絞られました。①②③のうちどれか一つを否定できれば、間違った④を導かずにすみ、それにより⑥の矛盾を避けられるのです。

ここで、パラドックスを作ることの意義も説明しておきましょう。負の感情のパラドックスは、一言で言えば「怖いのになんで求めるの？」ですが、それだと問題が漠然としていて、どこから手をつけていいかわかりません。ですが、先ほどのように定式化することで、①②③のどれか一つを否定すればいいという点が明確になります。なので、**パラドックスを定式化するのは、答えの方向性を見つけるためだと言えるでしょう。**

また、哲学には「何とかのパラドックス」というのがよく出てきます。哲学では、普段なら当然だと思われていることを改めて考えてみることがよく行なわれますが、その考察のためにパラドックスはうってつけです。ここでみたように、パラドックスを作ることで、当然正しいと思われていたことが実は間違っていると明確に理解できるようになるのです。

どれを否定するか？

では、①②③のどれを否定すればいいでしょうか。ここでも注意すべき点があります。それは、**ど**

れも一見すると正しそうだということです。そして、**正しそうな主張を否定するには、それなりの理由が必要です**。正しそうなことを闇雲に否定しても、誰も聞き入れてくれないでしょう。

さらに、**否定するのは一つで十分**だという点にも注意しましょう。可能性としては、①②③の二つ以上が間違っているため④が間違っていることもありえます。ですが、一つを否定すれば④は避けられます。なので、無闇に複数否定する必要はありません。

さきほど、答えは①②③のうちのどれを否定するかだと述べましたが、**人気があるのは①を否定する方針です**。具体的にどういうものかは少し後で説明するとして、ここでは②や③を否定するのが難しそうな理由を説明しておきましょう。

「②恐怖は負の感情である」を否定すると、恐怖が正の感情であると主張することになります。さすがに恐怖がすべて正の感情だというのは信じがたいので、この方針をとる人は、**バンジージャンプをするときに限り**恐怖は正の感情になる、と主張することになるでしょう。そして、バンジージャンプにはこんな仕組みがあるので、その場合には恐怖は正になるのだ、と言えばいいわけです。

この方針をとれなくもないのですが、**恐怖の対象が何なのかを考えると、少し難しいように思われます**。これまで何度も出てきましたが、恐怖は自分の身に迫った危険を捉える感情でした。そして、感情がもつポジティヴさは、その感情が生まれる原因との関わりを増やせという行動指令でした。そうすると、**正の恐怖は、危険があると捉えつつ、それとの関わりを増やせと指令する、よくわからない感情になってしまいます**。そんな感情が備わっていたら、私たちはうまく生き残れそうにありません。(ちなみに、戸田山［2016］では、ホラー鑑賞に関してこの方針がとられています。先ほども少し触れた通り、ホラーにはフィクションが関わって話が複雑になっているので、この批判はそのまま当てはまらないかもしれません。）

では、③の否定はどうでしょうか。つまり、負の感情は避けたいものではない、と主張することになります。ですが、これも難しいです。というのも、③を否定すると、**「正の感情は増やしたいもので負の感情は減らしたいもの」という説明の枠組みを放棄することになります**。そうすると、「じゃあ感情の正とか負って一体なんなんだ」という問題が出てくるでしょう。この問題に答えるには、バンジージャンプのときの恐怖だけでなく、すべての恐怖、さらに、悲しみや怒りといった他の負の感情、それどころか、喜びや楽しさといった正の感情についても、つまり、**すべての感情に関して、あらためて考え直す必要が出てきて、かなり大掛かりな修正が必要になってしまいます**。

こうした事情をみると、①を否定する方が簡単そうだと思われるでしょう。次に①を否定する二つの方針をみてみたいと思います。

2　消去説　本当は怖がっていない

消去説（「デフレ説」とも呼ばれます）は、①をストレートに否定します。つまり、**バンジージャンプをしても恐怖は生まれない**と主張するのです（たとえば、信原［2017］第8章）。

なぜ怖くないのでしょうか。**バンジージャンプは安全**だからです。当たり前ですが、バンジージャンプには命綱が付いています。バンジージャンプでまったく事故がないわけではありませんが、めったに起きるものではありません。少なくとも、毎日どこかで事故が起きている自動車に比べれば、よっぽど安全なものでしょう。

また、バンジージャンプをする人も、安全だと確信しているからこそ飛ぶのではないでしょうか。ちょっとでも不安があったら、飛べないように思えます。

確かに、準備ができてもなかなか飛ばない人もいます。その人は、バンジージャンプが安全だとまだ確信できていないのでしょう。頭では安全だとわかっていても、感情によって安全性が捉えられていないのです。それを捉えるには時間がかかるかもしれませんが、それができたら飛ぶでしょう。

このように、バンジージャンプは実際に安全であり、ジャンプする人も安全であると理解しているはずです。そうであるなら、ジャンプするときに恐怖は生まれていないと考えられるでしょう。

恐怖がないどころか、バンジージャンプにはポジティヴな面があります。バンジージャンプでは、日常では味わえない光景が見えたり、すごいスピードで落下する普通は経験できない身体感覚が得られたりします。**こうした非日常的な経験は、喜びや興奮といった正の感情を生み出すでしょう。**だからこそ、バンジージャンプを進んでやる人がいると考えられるのです。

まとめると、**バンジージャンプは恐怖をもたらさず、正の感情しかもたらさない**ということです。

ただ、そうはいってもやっぱりバンジージャンプは怖いのではないかと思う人もいるでしょう。その人は、次節で取り上げる補償説の方が正しいと思われるかもしれません。ですがその前に、より消去説がぴったり当てはまる例を挙げたいと思います。それは音楽です。

悲しいメロディを聴く

よく「悲しいメロディを聴くと悲しくなる」といったことが言われます。つまり、「悲しいメロディ」は**「聴いた人を悲しくさせるメロディ」だと考えられている**のです。そして、それなのになぜ聴くのか、という点がパラドックスを生み出すわけです。

しかし、悲しみがどういう感情なのかに注意すると、「悲しいメロディは悲しみを生み出すメロディだ」という考えが疑わしく思えます。

悲しくなるのは、財布を落としたり、ペットが死んだり、恋人と別れたりしたときなど、自分が大事にしているものが失われた場面でした。つまり、悲しみは喪失に対する反応なのです。

これに対し、悲しいメロディを聴く場面はどうでしょうか。**そのときには何の喪失もありません。**そうであるなら、悲しいメロディを聴いたとき、悲しみは生まれていないと考えられるでしょう。

ひょっとすると、悲しいメロディを聴いたときに、「この曲は別れた恋人が好きだったな」と思い出し、悲しくなるかもしれません。また、そのメロディと結びついた歌詞や映画の場面が悲しみを誘発することもあるでしょう。ですが、**そのとき悲しみを生み出しているのは、メロディと結びついている歌詞やイメージ、記憶であって、メロディそのものではありません。**

では、「悲しいメロディ」そのものがもつ「悲しさ」とは何なのでしょうか。音楽に関する哲学や美学では、「悲しいメロディ」は**「悲しみを抱いた人の行動と似た特徴をもつメロディ」**だと考えられることが多いです。

わかりやすいのは話し方でしょう。たとえば、悲しみを抱いている人の喋り方は、ゆっくりしていて、音量が大きくなく、全体的に音高が低く、音高の変化（抑揚）も少ないでしょう。それと同じく「悲しいメロディ」も、音量が大きくなく、全体的な音程が低く、音高の変化も少ないものでしょう。

ここで重要なのは、**人間はいろんなものを擬人化しがち**だということです。たとえば、∵のように点が三つ配置されていると、顔のように見えてしまいます。私たちはこうした三つの点に、人間の目と口の配置との共通点を見てとってしまうのです（これは「シミュラクラ現象」と呼ばれています）。また、柳の木の枝がしだれている様子は「悲しく」見えるでしょう。柳そのものが悲しみを抱くことはありませんが、私たちはそこに悲しんでいる人が肩を落としている様子との共通点を見つけてしまうのです。

この点は音楽にも当てはまります。**あるメロディを聴いたときに「悲しいメロディだ」と思うのは、そこに悲しみを抱いた人の振る舞いとの共通点を聴き取るからです。**そして、それを聴き取るために、自分が悲しくなる必要はありません。

同じく、「楽しいメロディだ」と判断するために楽しくなる必要もありません。自分の嫌いな曲で聴くと嫌な気持ちになるとしても、それは「悲しいメロディ」や「怖いメロディ」ではなく「楽しいメロディ」だと判断できるでしょう。「楽しいメロディ」は、楽しい人の喋り方と似て、テンポが早く、音量は大きめで、全体的に音高が高く、音高の変化が激しいものなのです。

ここで「悲しいメロディが聴くと悲しくなるものでないなら、一体どういう感情を生み出すのか」という疑問が出てくるかもしれません。これに対する答えは次のようになります。悲しいメロディでも怖いメロディでも、それが芸術的／音楽的に素晴らしいものであれば、それを聴くことで楽しさや満足感、喜びといったポジティヴな感情が生まれるでしょう。逆に、下手であったり失敗したりしているなら、楽しいメロディでも、失望などの負の感情が生まれるでしょう。**メロディが「楽しい」か「悲しい」かということと、聴いた人が「楽しくなる」か「悲しくなる」かということは、別の話なのです**（より詳しくは、源河［2019］を参照）。

3　補償説　恐怖と喜びを同時に抱く

次に、補償説を説明しましょう。この立場は、消去説とは異なり、バンジージャンプで恐怖が生まれることは認めます。ですが、同時に、**恐怖を上回る（補償する）ポジティヴな感情があると主張します。**

まず、補償説では、①が「バンジージャンプは恐怖**のみ**を生み出す」と読み替えられます。書かれていなかったけれども、実は①には「のみ」という言葉が暗に含まれていたということです。

そのうえで①を否定すると、「バンジージャンプは恐怖のみを生み出すわけではない」ということになるでしょう。つまり、別の感情も生まれているということです。そして、別の感情が恐怖を上回るものであるため、進んでバンジージャンプをする人がいると主張するのです。

では、その別の感情とは何でしょうか。それは消去説の説明と同じになるでしょう。いざ飛んだとき、日常ではなかなか味わえない経験への喜びや興奮が得られます。ですが、恐怖はまったくないと主張する消去説とは異なり、**補償説では、このとき恐怖と喜びが混在していると考えられるのです。**

炎上記事を読む

ここで、補償説がぴったり当てはまりそうな別の例をみてみましょう。それはネットの炎上記事を読んで怒る場合です。

鼻につく有名人のブログとか、犯罪に該当する行為を見せびらかしているSNSの投稿とか、炎上商法を目的とした記事は、**人を怒らせると同時に、多くの人の関心を引きつけています。**なぜなのでしょうか。

おそらく、ネットを炎上させる人たちは、炎上している記事を見て怒りを感じますが、同時に、「こいつは非常識なので叩かれるべきだ」と記事を書いた人を断罪しているのではないでしょうか。そのとき、自分が正しいことをしているという**高揚感**を感じているように思われます。また、非常識な記事を断罪する自分の方が、その記事を書いた人よりも人間として優れているという**優越感**も感じているかもしれません。さらに、「こいつは非常識だ」と書いて元記事を拡散すると、自分にはその記事を非難できる**良識があると他人にアピールする**ことにもなります。そのうえ、特定の人を「悪いやつ」と断罪してみんなで叩くことで、他の人たちに**連帯感**も生まれるでしょう。

以上のように、ネットを炎上させて記事を叩く人は、怒りだけでなく、いくつか正の感情を味わっているように思われます。そうした正の感情が怒りを上回っているので、わざわざ炎上記事を読む人がいるのではないでしょうか。

ＳＮＳは怒りやヘイトを増幅させる仕組みがあるとよく言われます。それは、ここで説明した正の感情を得ることが容易なツールだからではないかと思います。目の前の人に直接文句を言うのは大変ですが、顔の見えない相手への悪口を投稿することは非常に簡単です。それによって、正義感を振りかざす高揚感や、自分の方が優れているという優越感がお手軽に得られます。また、フォロワーを自分と同じ意見の人に固めておくと、自分は良識をもっているとアピールするのも、連帯感を得るのも簡単でしょう。

どちらが正しいのか

ここまで、消去説と補償説を説明してきました。では、どちらの説明が正しいのでしょうか。ひょっとすると、**どちらも正しいかもしれません**。

バンジージャンプにそこまで慣れていない人は、補償説が言うように、恐怖を感じつつも、それを補償してくれる正の経験があるために飛んでいる可能性があります。ですが、何度も飛んでいるうち、消去説が言うように、まったく恐怖を感じなくなり、喜びや楽しさだけを経験するようになる可能性があります。つまり、経験を積むことで、補償説が言うような感情状態から消去説が言うような感情状態に**段階的に移り変わっていく**ということです。

そうすると、消去説と補償説は、どちらか片方だけが正しいというものではないのかもしれません。この場面は消去説がうまく説明でき、別の場面は補償説がうまくいくというように、**場面が異なればふさわしい説明が異なってくる**と考えられるでしょう。

4　フィクションが関わる場合

ここまでは、バンジージャンプや音楽、ネットの炎上など、フィクションではない事例を取り上げてきました。ですが、もちろん、ホラーや悲劇といったフィクションでも、負の感情のパラドックスが生まれます。なぜ悲劇を鑑賞してわざわざ悲しくなったり、ホラーを鑑賞してわざわざ怖くなったりするのでしょうか。そこにも補償説と消去説の二通りの説明があります。

最初に補償説から説明しておきましょう。

有名なところでは、アリストテレスが『詩学』で述べた「カタルシス」というものがあります。悲劇を鑑賞すると悲しくなりますが、その悲しみは、**溜まっていたネガティヴなものを洗い流してくれる**と言われます。その浄化作用はポジティヴなものなので、人は進んで悲劇を鑑賞するというのです。

また、悲劇鑑賞によって**大事な教訓を得られる**と考える人もいます。悲劇では悲惨な目に遭う人がいますが、その人が自業自得で悲惨な目に遭っている場合、「そんなことするからバチがあたったんだ」と思うでしょう。そのとき、「自分はそういうことはしない」と学ぶことができそうです。あるいは、誰かを酷い目に合わせている悪人が出てくると、「こんなひどいことは人としてやってはいけない」と思います。こうした教訓は、生きていくうえで大切なことでしょう。悲劇はそれを知る教材になるのです。

別の説明として、ホラーを鑑賞して恐怖を感じたり、悲劇を鑑賞して悲しみを感じたりした方が、**より作品に没入できる**と言われることもあります。負の感情を経験することで、作品をよりよく鑑賞できるというポジティヴな経験が得られるというのです。

また、美学者のノエル・キャロルは、ホラーの好奇心に注目しています（Carroll［1990］）。ホラーの冒頭では、謎の存在に人々が襲われていくことが多いでしょう。鑑賞者は、物語に描かれた悲惨な場面に恐怖を感じますが、同時に、その存在は一体どういうものだろうという疑問を抱きます。そして、物語が進むにしたがって謎だった存在の正体が明らかになっていきます。キャロルによれば、そうした**謎解きの快感**が人を引きつける理由です。そして、好奇心が満たされる快感が恐怖より上回っているので、人はホラーを鑑賞するというのです。

以上の補償説の説明はそれなりにもっともらしいでしょう。ですが、消去説を支持したくなる理由もあります。それは、ホラーや悲劇がフィクションであることです。**ホラーも悲劇も作り話であり、現実に起こったことではないので、それを鑑賞しても恐怖や悲しみは生まれないと考えられるのです。**

次回はこの点をさらに掘り下げたいと思います。

第13講 感情とフィクション

ホラーを鑑賞すると怖くなります。『エイリアン』を観ると、エイリアンに対して恐怖を抱くでしょう。『リング』を観ると、貞子が怖くなるように思います。ですが、ジェイソンや貞子は、フィクションに登場するキャラクターであり、現実には存在していません。現実に存在しないものをなぜ怖がるのでしょうか。

実話をもとにしたホラーや怪談の場合、そこに登場する危険なキャラクターが実際に存在するかもと思い、そのキャラクターに対して恐怖を抱くことができるでしょう。ですが、完全なフィクションであるホラーに登場するキャラクターは、存在しないことがわかりきっています。わかりきっているはずなのに、なぜ怖いのでしょうか。

同じような問題は、フィクションであれば、悲劇でも喜劇でも出てきます。作品で描かれた出来事はすべて作り話で、悲しんだり喜んだりするべきことは現実には存在していません。それなのに、なぜ悲しくなったり喜んだりするのでしょうか。

今回はまず、この問題をパラドックスのかたちで定式化します（第1節）。そのあと、パラドックスを解くための三つの方針、錯覚説（第2節）、ごっこ説（第3節）、思考説（第4節）を紹介します。最後に、前回のパラドックスと今回のパラドックスを合わせて、ホラー鑑賞について考えてみたいと思います（第5節）。

1　フィクションのパラドックス

前回と同じように、問題をパラドックスとして定式化しておきましょう。負の感情のパラドックスは、一見すると正しそうないくつかの主張から最終的に矛盾が出てくるというものでした。これに対しフィクションのパラドックスは、**一見正しそうな次の三つがすべて同時に成り立つことはない**というものです。

① ホラーを鑑賞すると、そこに描かれた物事に対して恐怖が生まれる。
② 鑑賞者は、自分が鑑賞している作品がフィクションであり、そこで起こった物事は現実ではないと確信している。
③ 感情を抱くためには、その感情の対象が現実に存在していると信じていなければならない。

①が述べているのは、ホラーを鑑賞すればそこに登場する怪物や起こった事件に対して恐怖を感じるということです。これは当然のことだと思われるでしょう。

②もそれほど疑問はないように思われます。『エイリアン』や『リング』をドキュメンタリー映像と思って観ている人はそうそういません。鑑賞者は、そこに登場する怪物は存在せず、怪物が起こした事件も存在しないと理解しているでしょう。

③はホラーではなく、感情一般に関する主張になっています。少し詳しく説明しましょう。たとえば、目の前のヘビを怖がる場面を考えてみましょう。**ヘビを怖がっている人は、ヘビが実際に目の前にいると信じています**。

ここで、実際にはヘビはおらず、その人がヘビの幻覚を見ていたり、ロープをヘビと見間違えていたりするとしましょう。それでも本人は、幻覚や見間違いに気づいておらず、本当にヘビがそこにいると間違って信じています。だからこそ、恐怖を感じているはずです。本当はヘビなどいないと思いながら恐怖を感じることはできないでしょう。恐怖を感じるためには、**少なくとも当人は**、本当にヘビがいると信じていなければならないと考えられるのです。

以上のように①②③は、単独でみるとどれも正しそうにみえます。ですが、すべてが同時に成り立つことはありません。

まず、①と②が正しいとしましょう。鑑賞者はホラー映画に出てくる怪物に恐怖を感じていますが、同時に、その怪物は現実に存在しないと理解しています。そうすると、現実に存在しないとわかっている怪物を怖がれることになり、③が否定されます。

次に、①と③が正しいとしましょう。鑑賞者は怪物に恐怖を感じていますが、恐怖を感じるためには、その対象が現実に存在すると信じている必要があります。そうすると、鑑賞者は怪物が現実に存在すると信じていることになり、②が否定されます。

最後に②と③が正しいとしましょう。鑑賞者は、怪物が現実に存在すると信じていますが、存在しないと信じているものに恐怖を感じることはできません。そうすると、鑑賞者は怪物を怖がることは不可能であり、①が否定されます。

以上のように、①②③がすべて同時に成り立つことはありません。そうすると、どれか一つは誤っていると考えなければなりません。では、どれが誤っているのでしょうか。

恐怖の疑似体験

ここで少し「恐怖の疑似体験」という表現について注意を述べておきたいと思います。ホラー鑑賞について書かれたものでは、「ホラーの怖さは疑似体験だ」といったことがよく言われます。ですが、**「疑似体験」と言ったところで謎が解明されるわけではありません。**というのも、上記の①②③のどれを否定する場合でも、何かしら「疑似体験」だと言えるからです。

①を否定する場合、次のように言えます。ホラーを鑑賞している人は、本物の恐怖は抱いていません。ですが、鑑賞者自身は、自分が恐怖を感じたと思っています。そのとき鑑賞者は、本物ではなく、恐怖と似た「疑似体験」をしているので、自分が恐怖を感じたと思ってしまっているのでしょう。

②を否定する場合は次のように言えます。鑑賞者は、ホラーに登場する場面を現実だと信じてしま

っています。だからこそ恐怖を感じるわけですが、その恐怖は、間違いに基づいています。そうした間違いがあるという意味で、このときの恐怖は「本物」ではなく、「疑似体験」だと言えるでしょう。

③を否定する場合はこうなります。通常の恐怖は、その対象が現実に存在していると信じていなければ生まれません。これに対し、ホラーには、対象が現実にいないとわかっていても恐怖を生み出す何かしらの仕組みがあります。そのため、ホラー鑑賞の恐怖は通常の恐怖とは異なる仕組みで生み出されています。その点で「疑似体験」だと言えるでしょう。

要するに、「何かしら普通でないことが起こった」という点があれば「疑似体験」と言えるのです。そのため、「疑似体験」という言葉を使うだけでは、パラドックスはとくに解決されません。結局、①②③のどれを否定するか考える必要があります。

では、どれを否定すればいいのか考えてみましょう。

2 錯覚説 フィクションを現実と間違える

まず、②を否定する立場を解説したいと思います。なぜかというと、その立場はダメな点が多すぎて、ほとんど支持されていないからです。

②は、鑑賞者は自分が観ているホラーがフィクションだと確信しているというものでした。それを否定すると、**鑑賞者はフィクションを現実と錯覚している**ということになるでしょう。この点からこ

の方針は「錯覚説」と呼ばれます。

本当に錯覚できるのか

ですが、フィクションを現実と間違えてしまうことなど本当にあるのでしょうか。よく「この作品はリアリティがあった」といったことが言われますが、そう言っている人は作品を現実だと錯覚したわけではないでしょう。というのも、**作品のなかでは、現実にはないようなさまざまな演出がみられる**からです。たとえばホラー映画では、怖いシーンに合わせて雰囲気を出すための音楽や効果音が流れたりしますが、実生活でそんなことはありません。急に場面が変わって夜になったりすることもありません。

むしろ、「リアリティがある」というのは、自分にも降りかかりそうな問題が描かれているとか、そこで描写された状況になったら自分でも登場人物のような行動をとりそうだ、といったことではないでしょうか。しかしそれは描写された状況を現実と錯覚したということではないでしょう。

意図的な錯覚

ここで次のように考えられるかもしれません。確かに作品内では現実にはないような演出が入っている。しかし、鑑賞者はその部分だけを**意図的に**無視して、残りの部分だけを錯覚しているのではないか。

こうした考えとしては、一九世紀の批評家サミュエル・コウルリッジが述べた「意志の力による不信の宙吊り」などが有名でしょう。簡単に言えば、観客は自分の意志で作品を現実と思い込むということです。

ですが、ホラーを観るとき私たちは「これを現実だと思い込もう」と決めているでしょうか。普段そんなことはしていないように思えます。

さらに言えば、**そもそも何を信じるかは自分で決められることではなさそうです**（戸田山［2016］p. 255–260）。たとえば、恋人が浮気していることを示す証拠がある程度集まってくると、「浮気している」と信じざるをえません。証拠が揃っていない段階では「信じることにしよう」と思うことができるかもしれませんが、証拠が集まっているのに逆のことを信じることはできないでしょう。

そして、**ホラーには現実でないことを示す証拠がいろいろあります**。先ほど述べた演出がそうです。そうした証拠がたくさんあるのに、ホラーを現実だと錯覚することはかなり難しいでしょう。そういったわけで、意志の力で錯覚するというのも無理そうです。

鑑賞者の行動

錯覚説にはさらなる問題があります。それは、**鑑賞者の行動がうまく説明できない**という点です。**もし鑑賞者が作品を現実だと錯覚しているなら、逃げ出すか、警察に通報するでしょう**。ですが、ホラーを鑑賞している人はそういうことをしていません。そのため、錯覚説は観客が実際にとっている行動に合わない説明となっているのです。

ここで、錯覚説を守ろうとする人は、鑑賞者はある程度錯覚しているのだ、と応答するかもしれません。つまり、恐怖を感じるくらいには作品を現実だと錯覚していますが、逃げ出すほどは現実だとは信じていない、ということです。

ですが、そんな都合の良い心の状態などあるのでしょうか。そのような心の状態は、錯覚説を守るためだけに、存在すると言い張られているものではないでしょうか。つまり、この応答はその場しのぎにしかみえないのです。

さらに別の問題もあります。それは、もし**ホラー作品を現実だと錯覚していたら、ホラーを娯楽として楽しむことはできないだろう**というものです（Carroll［1990］p. 64）。

ホラーは大衆的な娯楽で、映画や小説のランキングの上位に入る場合もあります。ここから推測されるのは、ホラーは何かしらの点で楽しみを与えてくれるものであり、だからこそ、非常に多くの人に鑑賞されているということでしょう。

一方で、ホラーでは、恐ろしい怪物が出てきて登場人物が悲惨な目に遭っています。ここで、錯覚説が言うように、ホラーを鑑賞する人はそれを現実だと錯覚しているとしましょう。すると、鑑賞者は悲惨な事件が実際に起きたと信じていることになります。

ここまでの話を合わせると、ホラーを鑑賞している人は、誰かが悲惨な目に遭っているのを楽しんでいる、ということになります。さらに、ホラーが人気のジャンルであるということを加味すると、**誰かが悲惨な目に遭っているのを楽しむ人が非常に多くいる**ことになってしまいます。確かに、他人の不幸を楽しむ残虐な性格な人はいるかもしれません。ですが、ホラーがランキングの上位に入るほど、たくさんいるでしょうか。

鑑賞と欲求

ここで次のように思う人がいるかもしれません。実際のところ多くの人は、実は他人が悲惨な目に遭っているのを見たいという欲求をもっている。でも、表立って「他人の不幸が見たい」と言うとヤバい人だと思われるので、普通はその欲求を隠している。そして、ホラーはその欲求を満たしてくれるものだ。だから、多くの人が観るのだ。

ですが、**その欲求は、ホラーが現実ではないと理解しているときの方が満たせるのではないでしょうか。**

少し話がずれますが、格闘技を考えてみてください。格闘技では、選手が命を落とさないよう厳密なルールが設定されています。観戦者はそれをわかっているからこそ、試合を楽しんで観ていられるのではないでしょうか。本当に殺し合いをしていると思っていたら、観ても楽しめそうにありません。ごくまれに選手が試合で命を落としてしまう不幸な事故もありますが、その試合は悲惨で見てはいられないでしょう。

ホラーもそれと同じように考えられるでしょう。ホラーは現実ではなく、本当に悲惨な目に遭った人はいないと確信できるからこそ、それを楽しめるように思えます。

以上のように、錯覚説にはいろいろな問題があります。「ホラーを現実と錯覚する」という考えは、すぐ思いつきそうなわかりやすいものですが、その分だけ素朴で、すぐさま多くの問題に突き当たってしまうのです。

3　ごっこ説　怖がるフリをしている

次に、①を否定する方針をみてみましょう。①は、ホラーを鑑賞すると恐怖が生まれるというものでした。それを否定するということは、ホラーを鑑賞する人は実は怖がってはいないということになります。

こうした方針として有名なのは、ケンダル・ウォルトンという美学者が主張した「ごっこ説」です。**ホラーを鑑賞するとき、私たちは、怖がっているフリをしている**という考えです（ウォルトン［2015］）。

ごっこ説では、フィクションで恐怖を感じることを一種のごっこ遊びとして捉えます。それを理解するために、次のような怪獣ごっこをする場面を考えましょう。そこでは、誰か一人が怪獣役になり他の人を触ろうとします。触られた人は怪獣に食べられたという設定で、この遊びから脱落します。そして、時間内に全員脱落すると怪獣の勝ちで、時間を超えると残っていた人の勝ちになります。

こうした遊びのなかで怪獣役に近づかれた人は、「襲われているフリ」をして、悲鳴を上げるでしょう。とはいえ、**怪獣役の人が本当に怪獣になったとか、触られると本当に食べられてしまうとか錯覚しているわけではありません。ですが、自分から積極的に悲鳴を上げようとしているわけでもないでしょう。**むしろ、「その人は怪獣で、触られたら食べられる」というルールにしたがっている限り、思わず悲鳴が出てしまうのです。

怪獣ごっこで逃げている人は、怪獣役が近づいてきたとき、本当に危険が迫っているとは考えていません。怪獣役の人が本当に怪獣だとは思っていないからです。ですが、悲鳴を上げるときには、心臓がドキドキしたり、呼吸が荒くなったり、体がこわばったりしているでしょう。つまり、**本当に危険が迫ってきたときと同等の身体状態にある**のです。そのため、思わず悲鳴を上げたり、「怖かった」と言ったりしていると考えられます。

この点を理解するには、感情には思考的な側面と身体的な側面があったという話を思い出すのがいいでしょう。恐怖は、自分の身に危険が迫っているという判断と、その危険に対処する（戦ったり逃げ出したりする）ための身体的な行動準備から成り立っているのでした。これを踏まえると、怪獣ごっこで逃げている人は、**恐怖にあるはずの思考的側面がないので、本当に怖がっているわけではない**ということになります。

ホラー映画の鑑賞も、同じように説明できるでしょう。鑑賞者は、ホラーを鑑賞するというごっこ遊びに参加しているのです。

鑑賞者は、ホラーがフィクションだと確信しています。なので、**自分に危険が迫っているとは考えていません**。そのため、その人は怖がっていません。また、危険が本当に迫っていないとわかっているので、映画を観るのをやめて逃げ出すこともありません。

ですが、鑑賞者は、ホラーのなかで登場人物が危ない目に遭っているときに、自分も「襲われているフリ」をしています。それにより、**本物の恐怖と似たような身体状態になります**。身体状態は似たようなものになっているので、鑑賞者はそのことを指して、「映画を観て怖くなった」と言ってしまうと考えられるのです。

ごっこ説への批判

次に、ごっこ説に対してどういった批判が向けられるかを考えてみましょう。

わかりやすいのは、**ホラーを鑑賞しているとき、やはり本物の恐怖が生まれているのではないか、**というものです。鑑賞者は、自分は本物の恐怖を感じていたと証言するでしょう。ですが、ごっこ説は、それは本物の恐怖ではないと言っています。

別の言い方をしましょう。ごっこ説では、**「自分の心の状態はこうだと思う（自分は恐怖を感じているると思う）」**ということと、**「あなたの心の状態はこれですよ（あなたは恐怖を感じていませんよ）」**という説明がずれています。こうしたずれがあるので、ごっこ説はおかしいのではないかと思われるのです。

ここで、哲学の専門用語を使って問題を言い直してみましょう。自分の経験や心の状態を自分で観察してみることは「現象学」と呼ばれます。

ホラーを鑑賞している人には、自分が恐怖を感じているように思われるでしょう。現象学的には恐怖が生まれているように思われるのです。これに対しごっこ説は、ホラーを鑑賞している人には何の危険もないため恐怖は生まれていないと述べています。そうすると、**ごっこ説は現象学的にふさわしくない説明であるように思われる**かもしれません。

ですが、ごっこ説は次のように応答できるでしょう。ホラーを鑑賞した人に本物の恐怖は生まれていないけれども、その人は恐怖と似たような身体状態になっている。そして、**その身体状態は、自分にとって、本物の恐怖と同じように感じられるだろう。というのも、感情にともなう感覚は、身体反応を感じたものだからだ**（第3講や第7講を思い出してください）。そのため、ごっこ説は現象学的におかしくはないのだ。

というわけで、現象学からの反論はあまり良いものではありません。ですが、やっぱり本物の恐怖が生まれていると考えたくなる気持ちはなかなか拭えません。次に、恐怖が生み出されることを認める別の説明をみてみましょう。

4　思考説　思い浮かべて怖くなる

最後に、③を否定する立場を紹介しましょう。③は、「対象が現実に存在していると信じているときにしか、その対象に対する感情を抱けない」というものでした。それを否定するということは、現実に存在していないと思っている対象に向けた感情も抱けるということになります。

そうした立場の代表例は、美学者のノエル・キャロルが提案した「思考説」です（Carroll [1990]）。この立場のポイントは、「信じる」と、「思い浮かべる」の区別です。

信じる／思い浮かべる

まず、「信じる」や「信念」から説明しましょう。

哲学や心理学では「信念」という言葉がよく出てきます。日常的な意味での「信念」は、「どうしても貫きたい大事な思い」みたいな意味ですが、専門用語の「信念」は、「正しいと考えられていること」、くらいの意味です。「地球は丸い」というのも信念ですし、「今日は晴れている」というのも信念です。

そして、信念は、正しさと関わる心の状態と言われます。「信念は**正しさにコミットする**」という言い方もします。「コミット」は、積極的に関わる、加担する、責任をとる、といった意味です。たとえば、「いま雨が降っている」と信じるとき、「事実として雨が降っている、雨が降っているというのが正しい」と考えているということです。重要なのは、**正しいと考えていないことを信じることはできない**という点です。

もちろん、**正しいと考えられていることが実際に正しいとは限りません**。たとえば、「いま雨が降っている」と信じていても、実は降っておらず、その信念は間違っていた、ということもありえます。それでも、「いま雨が降っている」と信じている人は、本当にいま雨が降っていると考えているはずです。本当は雨が降っていないと考えているのに、雨が降っていると信じるのは不可能でしょう。

これに対し、思考説が言う「思考」、言い換えると**「何かを思い浮かべる状態」は、正しさとは中立的とされています**。雨が降っているかどうかわからなくとも「いま雨が降っている」という状況を思い浮かべることができるでしょう。さらに、「いま晴れている」と信じつつ「いま雨が降っている」という状況を思い浮かべることもできます。

そして、**こうした意味での思考も、感情を生み出す**と考えられます。たとえば、いますぐ自分が崖から落ちる状況を思い浮かべてください。この本を崖っぷちで読んでいない限り、実際に落ちることはできません。それでも、崖から落ちる状況を思い浮かべるだけで、心臓がドキドキしたり、呼吸が荒くなったり、筋肉が緊張したりする可能性があります。また、「そんな状況になったら危ない」と判断することも可能でしょう。

このときに恐怖が生まれていると言えないでしょうか。いま自分が崖から落ちることは絶対にないと信じていても、崖から落ちる状況を思い浮かべるだけで、恐怖が生まれるのではないでしょうか。同じようにしてホラー鑑賞も説明できるでしょう。ホラーを鑑賞している人は、怪物が現実にいるとは思っていません。あくまでフィクションだと了解しています。ですが、それでも、**怪物に襲われる状況を思い浮かべることで、恐怖が生まれる**と考えられるのです。

5　二つのパラドックスを合わせる

では、ごっこ説と思考説のどちらが正しいのでしょうか。それを考えるためには、前回取り上げた負の感情のパラドックスも合わせて考える必要があります。

負の感情のパラドックスとは「一見すると負の感情を呼び起こしそうな物事をなぜ進んで経験する

のか」というものでした。ホラーの場合だと、「観たら怖くなりそうなものなのに、なぜわざわざ観るのか」ということです。

前回はこのパラドックスの解決方針として、消去説と補償説を紹介していました。消去説は「実際には負の感情はなく、正の感情しか経験されていない」と主張するもので、補償説は「負の感情はあるが、それを上回る正の感情がある」と主張していました。二つは、本当に負の感情が生まれているのかどうかで対立しています。

ここで注意してほしいのは、**ごっこ説と思考説も、負の感情があるのかどうかで対立している**という点です。ごっこ説は、鑑賞者は怖いフリをしているだけで本当に怖がっているわけではないと主張しています。これに対し、思考説は、現実ではない状況を思い浮かべることで本当に怖くなると主張しています。

そうすると、ごっこ説は消去説とうまく噛み合いますが、補償説とは相性が良くないということになるでしょう。そして、思考説は補償説と相性が良く、消去説とは相性が悪いということになります。

ホラーは、フィクションであり、かつ、負の感情を生み出しそうなものです。そのため、二つのパラドックスがどちらも問題になります。そうすると、**ごっこ説が正しいのか思考説が正しいのかを判定するためには、消去説が正しいのか補償説が正しいのか考える必要がある**ことになるでしょう。

みなさんは前回の負の感情のパラドックスについて、どちらを支持したでしょうか。それに依存して、ごっこ説を支持するか思考説を支持するかが変わってくるでしょう。逆に、フィクションのパラドックスについて考えた結果、負の感情のパラドックスに対する答えも変わってくるかもしれません。

第14講　感情とユーモア

ユーモアや笑いは昔から哲学で取り上げられてきました。プラトン、アリストテレス、ホッブズ、カント、ショーペンハウアー、ベルクソンなど、多くの哲学者がユーモアや笑いについて何かしら述べています。また、現代では、心理学や脳神経科学の観点からユーモアの解明を目指している研究者もいます。

今回はそうした研究状況を紹介しましょう。まず、ユーモアを考えるための論点を整理します（第1節）。次に、笑いがもつ役割やその起源について取り上げます（第2節）。そのあと、ユーモアとは何かを説明する理論をいくつか紹介します（第3節）。有力なのは不一致説と呼ばれる立場なのですが、単純な不一致説はそのままではうまくいきません。そこで、不一致説に何かを付け加えてユーモアを説明する方針を紹介します（第4節）。

1　愉快な感情

ユーモアと愉快さ

混乱を避けるため、最初に用語や概念を整理しましょう。

まず、**ユーモアは対象がもつ特徴とします**。たとえば、「ユーモラスな絵」という表現は、絵がユーモアをもっていることを意味します。それは、「赤い箱」が、箱が赤さをもっていることを意味するのと同じです。そして、ユーモアは、ジョーク、漫画、小説、漫才、コント、演劇、音楽、行動など、さまざまなものがもっているでしょう。

次に、**「ユーモアを感じる」は、対象がユーモアをもっていると気づくことを意味します**。気づいた人がユーモアをもつわけではありません。それは、「ケーキの甘さを感じる」場合に、ケーキを食べた人自体が甘くなるわけではないのと同じです。その場合、ケーキを食べた人が、ケーキが甘さをもつことに気づいています。

ユーモアは対象の特徴ですが、それを感じ取った結果として、**感じ取った人の側にポジティヴな感情が生まれます**。それは、ケーキの甘さを感じ取った結果、感じ取った人にポジティヴな感情が生まれるのと同じです。

ユーモアを感じることとポジティヴな感情が生まれることとを分けた理由は、**片方があっても、もう**

片方がない場合もあるからです。たとえば、普段なら読んで大笑いしている漫画も、落ち込んでいるときにはまったく笑えないでしょう。落ち込んでいるときでも、その漫画のユーモラスなポイントを説明することはできるでしょうが、ポジティヴな気持ちにはなりません。甘さに関しても、ケーキを食べて甘さを感じても、落ち込みの方が強くてポジティヴになれない場合もあるでしょう。

また、ユーモアも甘さもポジティヴな感情を生み出すでしょうが、**まったく同じ種類の感情を生み出すようには思えません**。ギャグ漫画を読んだときの自分とケーキを食べたときの自分を比較してみてください。どちらもポジティヴになっていますが、感情は違っているのではないでしょうか。ケーキの甘さを感じるときにはうっとりしたりするでしょうが、ユーモアのあるギャグ漫画を読んだときには声を出して笑いたくなります。

そうすると、**ユーモアに気づくことで生まれる感情は、単なる心地よさ、楽しさ、喜び、などとはどこか違っているように思われます**。確かに、ユーモアに気づいたときの感情には、楽しさや喜びも含まれていそうですが、楽しさや喜びに何かが付け加わった複雑な感情だと考えられるのではないでしょうか。

そのためここでは、**ユーモアを感じることで生まれる感情を「愉快さ」と呼ぶことにしましょう**。「愉快さ」の方が、「楽しみ」や「喜び」よりも、ユーモアがもつ滑稽さや奇妙さとの関わりがうまく表せるように思われるからです。「面白い」や「おかしい」でもいいのですが、ここでは「愉快さ」に統一したいと思います。

何が愉快なのか

これまでの話からすると、愉快さはユーモアを捉える感情だということになります。次に、ユーモアがどういうものか理解するため、感情の観点から考えてみましょう。

これまで、感情は価値に対する反応だと述べてきました。たとえば私たちは、ヘビ、クマ、断崖絶壁、経済危機など、さまざまなものに恐怖を感じます。そして、それらには「危険をもたらす」という特徴が共通しています。ヘビやクマに襲われたり、断崖絶壁から落ちたりしたら助からない可能性が高いです。経済危機は、自分の収入を減らし、生活を脅かすものでしょう。

重要なのは、**感情が反応する価値は色や形といったわかりやすい知覚的特徴ではない**ということです。クマやヘビ、経済危機に共通する色や形はありません。むしろ恐怖という感情は、それらがどれも危険であるという点に反応しているのでした。そうすると、**愉快さという感情が反応しているユーモアも、わかりやすい知覚的特徴ではない**ということになるでしょう。

この点をさらに理解するために、たとえば、ユーモラスな声の出し方とユーモラスな絵画を比べてみましょう。声には、一定の音の高さ、大きさ、トーン、テンポといった特徴がありますが、そうした特徴のどれかとユーモアを同一視することはできません。というのも、ユーモラスな絵画もユーモアをもっていますが、音に関連する特徴を何ももっていないからです。同じく、絵画がもつ特徴のどれか（色、形、大きさ、筆遣い、など）とユーモアを同一視することもできません。ユーモラスな声はそうした視覚的特徴をもっていないからです。

このように、愉快さが捉えているユーモアも、わかりやすい知覚的特徴ではありません。やはり、ユーモアも、「危険」などと同じレベルの、価値の一種と考えるべきでしょう。さらに、ユーモアに反応する愉快さがポジティヴな感情であるので、**愉快さを生み出すユーモアは何かしらの点でポジティヴな価値と考えなければなりません。**

では、ユーモアとは一体どのような価値なのでしょうか。

2　笑いとコミュニケーション

笑いの役割

ここで笑いについて触れておきたいと思います。

ユーモアや愉快さの感情と最も関係ある行動は、何と言っても笑いでしょう。実際、漫才やコントなど、鑑賞して愉快さを覚えるものは「お笑い」と呼ばれています。そのため、ユーモアを理解するためには笑いという行動を理解する必要があると思われるかもしれません。

ですが、**笑いは愉快さの感情と必ずしも結びついているわけではありません。**むしろ、笑いには、愉快さを表に出すことよりも重要な役割があると言われています。

その点を理解するために、心理学者のロバート・プロヴァインの研究を紹介しましょう（プロヴァイン［2013］第2章）。彼は、人がどういう状況で笑っているかを調査しました。すると、**面白いことが何か起こったあとの笑いは、人が笑う場面の二割くらいでしかなかったそうです。**その他、笑いの大部分は、挨拶をしたときなど、無難な場面で行なわれていました。どうやら笑いは、自分が愉快さを感じたことの表明というよりも、**他人と円滑なコミュニケーションを行なうために働くことが多い**ようです。敵意がないことを伝えているというわけです。

それに対応するように、笑いには男女差があると言われています。女性は、女性の話を聞いているときよりも、男性の話を聞いているときの方がよく笑う傾向にあるそうです。ここには生まれながらの性別の違いではなく、社会的な役割（ジェンダー）の違いが反映されているでしょう。社会的に弱い立場の方が笑いによって敵意がないことを頻繁に伝えなければならないようです（早くこんな状況が改善されるといいのですが）。

というわけで、割合から言えば、笑いの主な役割は、愉快さを感じたことを表す行動ではなく、社会的なコミュニケーションだと言えそうです。ギャグ漫画を読んだりしたときに思わず笑いがもれてしまうことはありますが、私たちが行なっている**笑いの大部分は、他人に敵意がないことや従属していることを知らせるメッセージ**となっているようです。

ユーモアの起源？

このように、現在の私たちの笑いは社会的なメッセージの側面が大きいですが、私たちの祖先はどうだったのでしょうか。この点に関して興味深い研究があります。それは、ネズミも笑うというものです。

心理学者のヤーク・パンクセップたちの研究によると、実験室のネズミは、**仲間同士でじゃれあっ**

たり、人間にくすぐられたりしたとき、五〇キロヘルツほどの超音波で笑いのような鳴き声を出しているそうです。また、くすぐられたネズミは、くすぐってきた手に近づこうとするようになったり、若いネズミはこの笑いのような音をよく発する年上のネズミと一緒にいるようになったりすると言われています。

さらに、**この鳴き声にはポジティヴな感情を生み出す脳神経回路の働きが関わる**とも言われています。この神経回路は、じゃれあいのような遊びを行なっているときに活動するもので、すべての哺乳類に共通するそうです。こうした研究からパンクセップたちは、じゃれあい遊びから生まれる笑いやポジティヴな感情には、仲間同士の絆を強める働きがあると考えています（Panksepp and Burgdorf [2003]）。

こうした研究に基づき、ユーモアの起源はじゃれあい遊びにあると主張する研究者もいます。その主張は次のようなものです。私たちの祖先の哺乳類は、じゃれあいに対してポジティヴな感情を生み出す神経回路をもっていました。そして、哺乳類が進化するにしたがって、神経回路も、それが生み出す感情も、どんどん複雑なものへと変化していきました。またそれに応じて、ポジティヴな感情を生み出す刺激も複雑なものになっていくでしょう。こうした変化が積み重なり、現在の私たちは、ユーモアという刺激に対して愉快さという感情をもつようになっている、ということです。

とはいえ、人間の笑いとネズミの笑いのような鳴き声はかなり異なっているので、そこに進化的な結びつきがあるとは思えないという研究者もいます。さらに重要なのは、**私たちの笑いや愉快さの進化的な源流を指摘するだけでは、私たちが現在「ユーモア」と呼ぶものの十分な説明にはならないと**

いうことです。当たり前のことなのですが、ユーモラスなジョークや漫画、絵画は、私たちに物理的に接触して、じゃれあってくるものではありません。そのため、ユーモアを感じる能力の起源はじゃれあいに関係すると指摘しても（その指摘は正しいかもしれませんが）、ユーモアが何であるかが説明されたとは言えないのです。

では、現在の私たちが感じているユーモアとはどんなものでしょうか。それを説明するいくつかの理論をみてみましょう。

3　ユーモアとは何か

優越説

優越説は哲学者のトマス・ホッブズが主張したことで有名です。優越説によると、愉快さとは、**自分が他人より優れていると気づいたときの喜び**です。

たとえば、バナナの皮ですべって転んだ人など、他人の間抜けな行動をみてクスッとしたことはないでしょうか。また、漫画やコントを見て愉快さを感じるのは、その登場人物が何かしらヘマをしたときでしょう。こうした間抜けな行動を見るとき、私たちは、自分ならそんなことしないのに、その人は間抜けだな、と気づいているでしょう。

優越説では、このように、自分の方が優れていると認識したときに愉快になると言われています。

そうすると、愉快さを生み出すユーモアは、自分の方が他人より優れているという状況と考えられるでしょう。**自分の方が優れているというポジティヴな価値**がユーモアになるのです。

ですが、**優越説には明らかな反例があります**。たとえば、小さい子供は大人より体力も思慮深さも劣っていますが、**子供が劣っていると気づいたからといって、愉快になるわけではありません**。小さい子供の拙い振る舞いを見たとき、愉快さというよりも、いとおしさを感じたり、心配になったりする人も多いでしょう。そのため、自分が優れていると認識すれば愉快になるわけではありません。言い換えるなら、**自分の方が優れているという認識は、愉快さを生み出す十分条件とはなりません**。**さらには、必要条件でもありません**。言い換えると、自分が優れているという認識がなければ愉快になれないわけでもないのです。たとえば、うまいジョークを聞いたときには、愉快さを感じるとともに、「自分では思いつけないいな」と感心します。このとき、**ジョークを言った人の方が自分より優れていると認識している**でしょう。

確かに、愉快さを感じるいくつかの事例には、自分が優位になっているという認識が伴っていますが、その認識があれば愉快になるわけでも、その認識がなければ愉快にならないわけでもありません。そのため、自分が優位にあることとユーモアを同一視することはできないのです。

解放説

解放説は、哲学者のスペンサーや、精神分析の創始者であるフロイトの考えとして有名です。この考えでは、**高まりすぎた神経エネルギーを解放することで愉快さや笑いが生まれる**とされています。

解放説では水圧の比喩がよく使われます。密閉された容器やパイプ内で水圧が高まったとき、破損を防ぐために安全弁が開き、そこから勢いよく液体が逃げていきます。解放説は笑いをそれになぞらえ、緊張によって神経システムに溜まったエネルギーが勢いよく解放されることで愉快さや笑いが生まれると述べています。

そうすると解放説では、ユーモアは高まりすぎた神経エネルギーを逃す役割を果たすものだということになります。**ユーモアは緊張を解放させるポジティヴな価値**ということになるでしょう。

ここで「緊張の緩和」を思い出した人もいるかもしれません。この言葉は、上方落語の名人である桂枝雀が、自分の経験から見出した法則として有名なものです。普通ではないことが起きて生まれた緊張が、普通の状況に戻ることで緩和される。このとき笑いが生まれると言われています（桂枝雀［1993］p. 43–63）。

また、この説明は下ネタやブラックジョークによくあてはまるでしょう。性的な話や不謹慎な話は、普通ならやってはいけないものとして抑圧されています。それを解放することで笑いになるのが、その手のジョークだと考えられるでしょう。

しかし、**解放説は現在ではあまり支持されていません**。

その理由の一つに、**「神経エネルギー」が何なのかよくわからない**という点があります。圧力のたとえ話はわかりやすいかもしれませんが、それをたとえ話以上のものにするのは簡単ではありません。そこで言われる「神経エネルギー」は、何らかの神経伝達物質や電気信号と同一視できるものなのでしょうか。なぜそんなエネルギーがわざわざ溜め込まれるのでしょうか。解放説はこうした疑問にうまく答えられてはいません（ラマチャンドランほか［1999］p. 324; ハーレーほか［2015］p. 85）。

また、**緊張から解放されたからといって愉快になるとは限りません**。たとえば、自分の家が火事になり、命からがら逃げ出したとしましょう。安全な場所に避難したとき、恐怖やパニックといった緊張から解放されるでしょうが、愉快になったり笑ったりするわけではありません。助かってよかったと安堵したり、安全になって初めて涙が出てきたりすることもあります。

この反例に対して、解放説を支持する人は次のように応答するかもしれません。火事から逃げられたときの心の状態は、日常表現では「緊張の解放」と言えるけれども、専門用語としての「神経エネルギーの解放」とは違うものだ。なので、この例は反例とはならない。

ですが、このように応答するためには、やはり、溜め込まれている緊張とその解放が何なのか具体的に説明できなければなりません。それができなければ、解放説に説得力はないでしょう（神経エネルギーを具体化する試みについては、雨宮［2016］第4章を参照してください）。

不一致説

最も支持されている立場は、不一致説です。この考えの源流としては、哲学者のカントやショーペンハウアーがよく挙げられますが、哲学に限らず心理学でも、現代のユーモア研究では何かしらのかたちで不一致説が受け入れられていると言っていいでしょう。

不一致説によると、**ユーモアは期待や予測と現実の不一致**です。その不一致に気づいたときに、私たちは愉快さの感情を感じるとされています。

この考えはわかりやすいでしょう。漫画でもお笑いでも、普通の人ならしない行動をとる人が出てきます。そうしたズレに気づいたとき、愉快さの感情が生まれるのです。期待の裏切りがユーモアで、それに気づくと愉快さを感じるというわけです。

また、**不一致説は、優越説が取り上げていた状況も説明できそうです**。ある行動をとった人が間抜けで劣っていると思われるときには、「この状況では普通こうするだろう」という期待がもたれているでしょう。それが外れて行動が状況に合わず失敗している場合、期待との不一致により愉快さが生まれるのです。この点を踏まえると、優越説は、他人が劣っていることの認識が伴う不一致に注目していたと言えるでしょう。

以上の点から、**不一致の認識は愉快さが生まれるための必要条件だと言えそうです**。ユーモラスであるためには、何かしら不一致がなければならないのです。

ですが、不一致はユーモアの十分条件ではありません。というのも、不一致を認識しても愉快さが生まれないこともあるからです。

たとえば、来月も仕事があると期待していたのに急にクビだと告げられたときにも、期待との不一致があります。ですが、この場合には、愉快さではなく、むしろ、怒りや悲しみといったネガティヴな感情が生まれるでしょう。怒る場合、その不一致は、自分への不当な扱いとして認識されています。悲しくなる場合には、その不一致は重大な喪失として認識されています。さらに、「これから先どう生活すればいいんだ」と不安や恐れを感じる人もいるでしょう。その人は不一致を危機と認識しているのです。

このように、**「不一致」にはネガティヴなものもあります。**しかし、第1節で述べた通り、愉快さはポジティヴな感情であるので、それが捉えている**ユーモアはポジティヴな価値として理解しなければなりません。**そのため、ユーモアとは何かを説明するためには、ユーモアは不一致だと言うだけでなく、何らかの点でその不一致はポジティヴなものだと言う必要があります。

では、どういった不一致がポジティヴな価値となるのでしょうか。最後にその候補をいくつか検討してみましょう。

4 不一致と、あと何か

無害さ

仕事を失った例から、まず、**不一致は自分にとって無害でなければならない**と言えるでしょう。ユーモアとは無害な不一致だと考えられるのです。

この条件を加えると、**自分の失敗は愉快ではないけれども、他人の失敗は愉快**なことが説明できます。バナナの皮で滑って転んだのが自分なら、痛くて愉快ではありません。ですが、他人が滑って転ぶのを見るのは、自分は安全なまま不一致に気づけます。

また、くすぐりやじゃれあいの笑いも説明できそうです。くすぐりは、他人から身体を刺激される点で、攻撃的で、侵害と言える側面があります。ですが、気を許している人から行なわれるくすぐりは無害な場合があります。そのため、**侵害と無害さの不一致**が愉快さを生み出すと言えそうです（ハーレーほか［2015］p. 371）。

さらにこの点から、くすぐっても笑えない場面も説明できそうです。親しい人からのくすぐりは無害な攻撃という不一致になりますが、気を許していない人からのくすぐりは侵害にしかならず、愉快ではないでしょう。また、自分で自分をくすぐっても笑えないのは、他人からの侵害ではないからだと考えられるでしょう。

それだけでなく、この考えでは興味深い症例も説明できそうです。第9講では、痛覚失象徴の人は針で手を刺されて笑うという話を取り上げていました。その場合、針で身体を刺すという普通なら危害となる行為が、脳の異常のために危険と認識されず、面白く感じられているようです（ラマチャンドランほか［1999］p. 327–328）。

不一致の解決

別の考えとして、無害さより積極的なポジティヴさを強調する方針もあります。それは、**不一致が解決されるときに愉快になる**というものです。

たとえば、落語の「考え落ち」などがその例でしょう。次の小噺をみてください。

よく当たる占い師に、父親の寿命を見てもらった坊やが、〝明日の朝八時に死ぬ〟といわれ、親父に注進したが、親父はまるで信用しない。朝がきて、親父はでかけようと、玄関をあけると、そこに牛乳配達が死んでいた（立川談志［2011］p. 20）。

ここでは、「父親が死ぬ」という占いと、実際に死んだのは牛乳配達員だという事実が不一致となっています。しかし、「坊やの本当の父親は牛乳配達員だったんだ」と気づくと、占いは当たっていたとわかり、**不一致がなくなります**。

これに対し、急に仕事を失う例では、不一致は何も解決されていません。「来月も仕事があるだろう」という期待は、裏切られたままなのです。

さらに、不一致の解決という点から、**ユーモアが理解できない人がいることも説明できそう**です。この小咄を聞いて愉快になるためには、不一致は実はなかったのだと気づく必要があります。「なんだかよくわからない話だな」と思っている人は、ユーモアを感じることができないでしょう。

このように、不一致が解決されたときに愉快さが生まれると主張する立場は、「不一致解決説」と呼ばれます。不一致解決説は不一致説のなかでも最も人気のあるバージョンとなっています。

ですが、**不一致の解決がなぜポジティヴな価値をもつのでしょうか**。これについてハーレーたちは、「エラー検出への報酬」という考えを提案しています。つまり、**いつの間にか作られてしまった間違った固定観念や思い込みを発見し、それを取り除いた報酬として、ポジティヴな感情が生まれるのです**。そして、間違いを取り除いて報酬が与えられる仕組みは、進化の産物として備わったと言われます（ハーレーほか［2015］p. 199）。

この点は、甘さを感じることと同じように理解できるでしょう。私たちが甘い食べ物を好む理由は、その甘さを感じてポジティヴな感情が得られるからでしょう。一方で、甘いものはエネルギーが高いことが多く、甘いものを摂取すると多くのエネルギーが得られます。そうすると、私たちは、エネルギーの高いものを摂取するとポジティヴな感情が報酬として与えられる仕組みをもっていることになります。**この仕組みがあれば、エネルギーの高いものを求めるようになり、生きていくうえで助けになります**。人間は、そうした仕組みを進化によって獲得したのです。

ユーモアに対する愉快な感情も同じです。私たちは、不一致を見つけて間違いを正すと、ポジティヴな感情が報酬として与えられる仕組みをもっています。これにより、いつの間にかできあがってしまった間違いを訂正することが推奨され、生きていくうえで助けになります。人間は、そうした仕組みを進化によって獲得したと考えられるのです。

ここで紹介した「無害な不一致説」と「不一致解決説」以外にも、不一致に別のものを組み合わせてユーモアを説明しようとする考えもあります。また、不一致説ほどの人気はありませんが、優越説や解放説を改良した考えを提示している研究者もいます。ユーモアが何なのかはまだ完全に解明されたとは言えませんが、今回は、現在の研究状況をおおまかに伝えられたのではないかと思います。

第15講 全体のまとめ

最後の講義は、「全体のまとめ」とか「総括」と相場が決まっています（もしくはテスト）。感情とはこんなものだ、こういう特徴があった、こんな話をした、というのを振り返るわけです。

ところが、この講義は本なので、それぞれの内容はすぐ見返すことができます。また、目次を見たり、各講義の冒頭を読み返したりすれば、だいたい何の話があったか思い出せるでしょう。さらに、第1講の第4節には「各講義の概要」というのがありました。そこを読み返すのが振り返りとして一番手っ取り早いでしょう。

なので、ここでは改めて全体を振り返るのではなく、本書のこれまでの考察が日常生活にどう役立つかを考えてみたいと思います。そこで取り上げたいのが、感情のコントロールです。

1　感情をコントロールする

　感情について講義をすると、よく「どうやれば感情をコントロールできますか？」という質問をもらいます。感情に興味をもつきっかけの一つは、長く悲しみを引きずっていてつらいとか、怒りにまかせて行動して失敗したとか、そういった体験でしょう。なので、感情について勉強したら、感情をコントロールできるかもしれない、と思われるのではないでしょうか。

　本書で扱った内容から、感情をコントロールするためのヒントがいくつか得られます。本書では、**感情には身体的側面と思考的側面があると述べてきました。そうすると、どちらかの側面をコントロールすれば、感情をコントロールできそうだと考えられるでしょう。**

　まず身体的側面から考えてみましょう。たとえば、怒りを感じるときには、眉間にシワがよったり、歯をくいしばったり、拳を握りしめたりするなど、身体中に筋肉の緊張が起こります。こうした身体反応は怒りを作り上げている一つの要素でした。

　そうであるなら、こうした緊張を物理的に解消させれば、怒りもいくらか収まると考えられます。ありきたりな方法だと、深呼吸したり、マッサージしたり、お風呂に入ったりすればいいでしょう。ともかく重要なのは、**身体反応は感情の一つの部品となっているので、何らかの物理的な手段で身体反応を変化させれば、感情も変化する**ということです。

また、**感情のもう一つの側面である思考を変えても、感情を変えることができるでしょう。**怒りを感じているときには、自分が不当な扱いを受けているということに思考の焦点が合わさっています。そうすると、怒りを収めるには、不当な扱いから焦点を逸らせばいいと考えられます。楽しかったことを思い出してもいいですし、音楽や映画に集中するのもいいし、パズルを解くのに考える力を使うのもいいでしょう。あるいは、余計なことを考えないように運動するのもいいかもしれません。**重要なのは、感情の思考的側面が捉えている価値を別のものに入れ替えるようにする**ということです。

また、**感情の思考的側面は高度な思考や文化に依存する**という点からも、感情をコントロールするヒントが得られるでしょう。

怒りは自分への不当な扱いに思考の焦点が合っていますが、本書で述べてきたとおり、何が「不当な扱い」であるかは、自分が属している共同体の価値観に左右されます。上座下座を大事にする共同体に属していれば席順を間違える人に怒りを感じますが、その価値観を受け入れていなければ、席順はどうでもいいと思うでしょう。

しかし、席順を大事にする価値観をもった人も、そういう価値観にしたがっていない人もいるのだと理解すれば、席順の間違いに対して寛大になれるはずです。別の価値観の人は席順を重視していない、だから、「私の価値観からすれば」席順を無視した不当な行動も、その人にとっては不当ではない、と理解できるのではないでしょうか。

ここでは上座下座を重視する価値観で説明しましたが、同じような例は他にもたくさんあるでしょう。文化や宗教が異なれば、何が正しく何が悪いかの価値観が違っています。また、同じ価値観を共有した共同体のなかにも、より細かなレベルで異なる価値観をもった小さな共同体が複数あるでしょう。さらには、他の人とも共有できない価値観もあるかもしれません。

重要なのは、違う価値観もあると理解することです。自分の価値観が唯一絶対だと思うと、それにそぐわない他人の行動がすべて不当にみえてきます。ですが、**「あの人の価値観は違う」と理解すると、無闇にネガティヴな感情をもつことが避けられます。**

確かに、ネガティヴな感情をもつべき場面もあります。ネガティヴな感情は、それを避けるための行動、自分をネガティヴにさせているものへの抵抗を促します。自分の生活や生命を悪い方に導くものには、抵抗しなければならないでしょう。ですが、抵抗するには時間や労力がかかります。なので、**無闇にネガティヴな感情をもっていると、時間や労力を無駄に使ってしまいます。**

それを避けるには、重要な価値とどうでも良い価値を分ける知識を得たり、価値について考え直してみたりする必要があります。認めてもいいことと引くべきではないことの区別をつけるには、どういう価値観があるか、それを受け入れていいかどうか、自分にとって何が重要なのかを考えなければならないでしょう。

このように感情には知識や思考が反映されています。感情は、知識や思考といった「頭を使う」心の働きとは違うものと考えられることが多いですが、その考えは誤っているのです。

2 読書案内

次に、この本の次に読んだ方がいいのではないかという本をいくつか勧めておきたいと思います。感情は昔から哲学で扱われていて、古典もたくさんあります。ですが、古典は他の本でもよく紹介されているので、ここではなるべく新しい本を紹介したいと思います。

あと、表記に関してですが、「本書」と書いてある場合、それが指しているのは、あなたがいま読んでいる『感情の哲学入門講義』です。それに対し、「こちらの本」とか「次の本」と書かれている場合は、紹介されている本を指しています。

まず紹介すべきなのは次の本です。

① ジェシー・プリンツ『はらわたが煮えくりかえる――情動の身体知覚説』源河亨訳、勁草書房、二〇一六年

本書の前半はこの本に基づいています。本書は入門書という性格上、細かい話まで踏み込んでいませんが、前半の内容で気になった点がある方は、ぜひ、こちらの本を読んでみてください。現在の哲学では、心に関する科学を知っていなければ心について哲学的な考察を行なうことも不可能となっていますが、こちらの本をはじめとして著者のプリンツの研究方針は、科学を利用した哲学のお手本と言えるものとなっています。

というわけで、感情の哲学に興味がある人も、感情の科学についてある程度知っておかなければいけません。そこでお勧めなのは、感情心理学の研究を網羅的に、しかもコンパクトに紹介している次の本です。

② **大平英樹（編集）『感情心理学・入門』有斐閣、二〇一〇年**

本書で取り上げられなかった「感情と言語」「感情と病理」「感情と健康」に関する話も扱われています。

③ **梅田聡・小嶋祥三（監修）『感情　ジェームズ／キャノン／ダマシオ』岩波書店、二〇二〇年**

本書では、感情の身体的側面を強調したジェームズと、それに対する批判、そして、ジェームズ流の考えを脳神経科学で復活させているダマシオの見解について何回か触れていました。次の本では、そういった感情の身体性に関する重要文献とその解説がまとめられています。

そして、次の本は、非常に面白いのですが、感情についてある程度知ってから読む方が良いと思います。

④ **リサ・フェルドマン・バレット『情動はこうしてつくられる——脳の隠れた働きと構成主義的情動理論』高橋洋訳、紀伊國屋書店、二〇一九年**

こちらの本は、感情研究で教科書的とされている標準的見解が次々とひっくり返されていく様子が非常にスリリングです。もちろん、本書で説明した話もひっくり返されています。ですが、標準的見解がひっくり返される様子を面白く感じるためには、まず、標準的見解を理解する必要があります。

次に、倫理学や道徳哲学に関する文献を紹介したいと思います。

⑤ **植原亮『自然主義入門――知識・道徳・人間本性をめぐる現代哲学ツアー』勁草書房、二〇一七年**

第10講と第11講では、二重過程理論から感情と理性の違いを説明していましたが、元ネタはこちらの本です。また、こちらの本は、タイトルの通り、科学を利用して哲学的考察を行なう「哲学的自然主義」の入門書となっています。

⑥ **信原幸弘『情動の哲学入門――価値・道徳・生きる意味』勁草書房、二〇一七年**

こちらの本は、本書でも取り上げた「価値を把握する心の働きとしての感情」という観点から、道徳の基礎には感情があるという立場が展開されています。さらに、感情労働や人生の意味など、興味深いテーマにも踏み込んでいます。

美学や芸術哲学に関してもいくつか紹介しましょう。

⑦ **戸田山和久『恐怖の哲学――ホラーで人間を読む』ＮＨＫ出版新書、二〇一六年**

こちらの本では、先ほど紹介したプリンツの本が手際よくまとめられ、それを元に、第12講と第13講で取り上げたフィクションのパラドックスと負の感情のパラドックスが扱われています。さらに、哲学の観点から分析したホラー映画評もふんだんにあります。

音楽美学に興味のある人には、私の本を紹介しておきます。

⑧ 源河亨『悲しい曲の何が悲しいのか――音楽美学と心の哲学』慶應義塾大学出版会、二〇一九年

第12講で、「悲しいメロディ」は「聴いて悲しくなるメロディ」のことではないと説明しましたが、この本ではその議論をより詳しく書いてあります。また、「この曲はダイナミックだ」みたいな美的判断には、感情が関係し、なおかつ客観性があると主張しています。

第14講で取り上げたユーモアについては、次の本がおすすめです。

⑨ 木村覚『笑いの哲学』講談社選書メチエ、二〇二〇年

この本では、本書でも紹介したユーモアが、さまざまなお笑い芸人のネタを例にして具体的に紹介されています。本書にはユーモアの具体例がほとんどありませんでしたが、そこが不満に思った方はぜひこちらを読んでみてください。

その他にも、最後にある文献表を眺めてみて、興味を引くタイトルの本を読んでみるのもいいと思います。本書で参照した文献は、実験を説明した論文のいくつかは英語のものですが、それ以外はなるべく、日本語で書かれて手に入りやすい本を選んでいます。

最後に、本書で一番強調したかった点を振り返っておきましょう。この本の冒頭に書いた通り、**感情は人間の生活の中心にあり、だからこそ感情は、人間を対象とするすべての学問で研究されています。**この本は、哲学を中心としてさまざまな角度から感情を取り上げてきましたが、**この本を読んで理解したことは、哲学以外の感情研究に何かしら応用できるでしょう。**また、本書で理解したことを使えば、**日常生活にあふれたいろいろな感情を、新しい視点から眺めることもできるはずです。**本書を読んで得られた知識がさまざまな場面で使えるものであれば幸いです。

あとがき

はじめに書いた通り、本書は、私がここ数年いろいろな大学で行なってきた感情の哲学の講義をまとめたものです。まとめるきっかけとなったのは、新型コロナウイルスの流行でキャンパスが閉鎖され、講義がオンラインのリモート形式になったことでした。本書は、学生が一人で読んで理解できるように作ったリモート講義の資料がもとになっています。学生の方からは資料に関する疑問や質問のコメントをいくつもいただき、資料を本にする際には、そのコメントがとても助けとなりました。学生のみなさんは、キャンパスライフを楽しめず、一人パソコンの前で授業を受ける非常にストレスのかかる環境のなか、資料を読んでコメントしていただき、感謝しかありません。最後に、本書の企画と編集を担当していただいた村上文さん、校正者の尾澤孝さんに感謝します。

二〇二〇年　一〇月　源河　亨

元・川村光毅訳，東京大学出版会
吉田伸夫［2018］『科学はなぜわかりにくいのか――現代科学の方法論を理解する』技術評論社

Arntz, A. [1993] "Endorphins stimulate approach behavior, but do not reduce subjective fear: a pilot study", *Behaviour Research and Therapy* 31: 403–405.
Carroll, N. [1990] *The Philosophy of Horror: Or, Paradoxes of the Heart*, Routledge.
Dutton, D. G. and Aaron, A. P. [1974] "Some evidence for heightened sexual attraction under conditions of high anxiety", *Journal of Personality and Social Psychology* 30 (4): 510–517.
Fischman, M. W., and Foltin, R. W. [1992] "Self-administration of cocaine by humans: a laboratory perspective", In *Cocaine: scientific and social dimensions*, Ciba Foundation Symposium 166. Chichester: Wiley: 165–180.
Lazarus, R. S., and Alfert, E. [1964] "Short-circuiting of threat by experimentally altering cognitive appraisal" *Journal of Abnormal and Social Psychology* 69: 195–205.
Panksepp, J., and Burgdorf., J. [2003] ""Laughing" rats and the evolutionary antecedents of human joy?" *Physiology & Behavior* 79: 533–547.
Plutchik, R. [2001] "The Nature of Emotions: Human emotions have deep evolutionary roots, a fact that may explain their complexity and provide tools for clinical practice", *American Scientist* 89: 344–350.
Schachter, S. and Singer, J. [1962] "Cognitive, social, and physiological determinants of emotional state", *Psychological Review* 69 (5): 379–399.
Strack, F., Martin, L. L., and Stepper, S. [1988] "Inhibiting and facilitating conditions of the human smile: a nonobtrusive test of the facial feedback hypothesis", *Journal of Personality and Social Psychology* 54: 768–777.

ジェームズ／キャノン／ダマシオ（〈名著精選〉心の謎から心の科学へ）』岩波書店，p. 33–102
鈴木生郎・秋葉剛史・谷川卓・倉田剛［2014］『現代形而上学――分析哲学が問う，人・因果・存在の謎』春秋社
鈴木貴之［2015］『ぼくらが原子の集まりなら，なぜ痛みや悲しみを感じるのだろう――意識のハード・プロブレムに挑む』勁草書房
鈴木真［2020］「道徳の実験哲学 1――規範倫理学」，鈴木貴之編著『実験哲学入門』勁草書房，p. 115–137
ステレルニー，キム [2013]『進化の弟子――ヒトは学んで人になった（ジャン・ニコ講義セレクション）』田中泉吏・中尾央・源河亨・菅原裕輝訳，勁草書房
立川談志［2011］『現代落語論〔第 2 版〕』三一新書
ダマシオ，アントニオ・R.［2010］『デカルトの誤り――情動，理性，人間の脳』田中三彦訳，ちくま学芸文庫
チャーマーズ，デイヴィド・J.［2016］『意識の諸相』上下，太田紘史・源河亨・佐金武・佐藤亮司・前田高弘・山口尚訳，春秋社
戸田山和久［2014］『哲学入門』ちくま新書
戸田山和久［2016］『恐怖の哲学――ホラーで人間を読む』NHK 出版新書
日本認知科学会監修・川合伸幸著［2016］『コワイの認知科学（認知科学のススメ）』新曜社
信原幸弘［2014］「他者理解――共感とミラーニューロン」，信原幸弘・太田紘史編著『シリーズ新・心の哲学 I 認知篇』勁草書房，p. 131–175
信原幸弘［2017］『情動の哲学入門――価値・道徳・生きる意味』勁草書房
ハーレー，マシューほか［2015］『ヒトはなぜ笑うのか――ユーモアが存在する理由』片岡宏仁訳，勁草書房
フォックス，エヌール［2014］『脳科学は人格を変えられるか？』森内薫訳，文藝春秋
プリンツ，ジェシー［2016］『はらわたが煮えくりかえる――情動の身体知覚説』源河亨訳，勁草書房
プロヴァイン，ロバート・R.［2013］『あくびはどうして伝染するのか――人間のおかしな行動を科学する』赤松眞紀訳，青土社
ラザルス，リチャード［2004］『ストレスと情動の心理学――ナラティブ研究の視点から』本明寛監訳，実務教育出版
ラマチャンドラン，V. S.／ブレイクスリー，サンドラ [1999]『脳のなかの幽霊』山下篤子訳，角川文庫
リンデン，デイヴィッド・J.［2016］『触れることの科学――なぜ感じるのか どう感じるのか』岩坂彰訳，河出書房新社
ルドゥー，ジョセフ［2003］『エモーショナル・ブレイン――情動の脳科学』松本

文献一覧

雨宮俊彦［2016］『笑いとユーモアの心理学――何が可笑しいの？』ミネルヴァ書房
伊勢田哲治［2005］『哲学思考トレーニング』ちくま新書
乾敏郎［2018］『感情とはそもそも何なのか』ミネルヴァ書房
植原亮［2017］『自然主義入門――知識・道徳・人間本性をめぐる現代哲学ツアー』勁草書房
植村玄輝・八重樫徹・吉川孝編著［2017］『現代現象学――経験から始める哲学入門』新曜社
ウォルトン，ケンダル［2015］「フィクションを怖がる」森功次訳，西村清和編・監訳『分析美学基本論文集』勁草書房，p. 310–334
エヴァンズ，ディラン［2005］『1冊でわかる 感情』遠藤利彦訳，岩波書店
エクマン，P.／フリーセン，W. V.［1987］『表情分析入門――表情に隠された意味をさぐる』工藤力訳，誠信書房
エクマン，ポール［2006］『顔は口ほどに嘘をつく』菅靖彦訳，河出文庫
エルスター，ヤン［2008］『合理性を圧倒する感情（ジャン・ニコ講義セレクション）』染谷昌義訳，勁草書房
大平英樹［2010］『感情心理学・入門』有斐閣アルマ
越智啓太［2016］「恋の吊り橋実験がうまくいく条件とは」，越智啓太編著『心理学ビジュアル百科――基本から研究の最前線まで』創元社，p. 166–167
柏端達也［2017］『現代形而上学入門』勁草書房
桂枝雀［1993］『らくごDE枝雀』ちくま文庫
金杉武司［2007］『心の哲学入門』勁草書房
カーネマン，ダニエル［2013］『ファスト＆スロー――あなたの意思はどのように決まるか？』上下，村井章子訳，ハヤカワ文庫NF
北村英哉・大坪庸介［2012］『進化と感情から解き明かす 社会心理学』有斐閣アルマ
木村覚［2020］『笑いの哲学』講談社選書メチエ
グリーン，ジョシュア［2015］『モラル・トライブズ――共存の道徳哲学へ』上下，竹田円訳，岩波書店
源河亨［2017］『知覚と判断の境界線――「知覚の哲学」基本と応用』慶應義塾大学出版会
源河亨［2019］『悲しい曲の何が悲しいのか――音楽美学と心の哲学』慶應義塾大学出版会
児玉聡［2012］『功利主義入門――はじめての倫理学』ちくま新書
ジェームズ，ウィリアム [2020]「情動」南條郁子訳，梅田聡・小嶋祥三監修『感情

源河 亨（げんか とおる）
2016年、慶應義塾大学にて博士（哲学）を取得。現在は、九州大学大学院比較社会文化研究院講師。専門は、心の哲学、美学。
著作に、『知覚と判断の境界線――「知覚の哲学」基本と応用』（慶應義塾大学出版会、2017年）、『悲しい曲の何が悲しいのか――音楽美学と心の哲学』（慶應義塾大学出版会、2019年）。訳書に、ジェシー・プリンツ『はらわたが煮えくりかえる――情動の身体知覚説』（勁草書房、2016年）、セオドア・グレイシック『音楽の哲学入門』（慶應義塾大学出版会、2019年、共訳：木下頌子）など。

感情の哲学入門講義

2021年1月30日　初版第1刷発行
2022年5月25日　初版第4刷発行

著　者――――源河 亨
発行者――――依田俊之
発行所――――慶應義塾大学出版会株式会社
〒108-8346　東京都港区三田2-19-30
TEL〔編集部〕03-3451-0931
〔営業部〕03-3451-3584〈ご注文〉
〔　〃　〕03-3451-6926
FAX〔営業部〕03-3451-3122
振替　00190-8-155497
https://www.keio-up.co.jp/
装　丁――――中尾 悠
印刷・製本――中央精版印刷株式会社
カバー印刷――株式会社太平印刷社

Printed in Japan ISBN978-4-7664-2719-6